Así Derrotó la Sociedad al PRI

Reseña de la Gesta de la Alternancia

José J. Castellanos

DEDICATORIA

A Laura Guadalupe, José de Jesús+,
Francisco Javier, Juan Pablo, María de Guadalupe,
María Amparo, José Fernando y Bernardo

A quienes comprometidos con el Bien Común han
trabajado por la democratización de México

CONTENIDO

UNA LECCIÓN HISTÓRICA

La Revolución Mexicana tuvo como motivación sustituir el gobierno autoritario del Presidente Porfirio Díaz e instaurar un Sistema democrático. La lucha armada costó la vida de más de un millón de muertos. El resultado de las luchas armadas entre las distintas facciones derivó en el llamado "Grupo Sonora", que gracias a Plutarco Elías Calles, logró la union de la "Familia Revolucionaria" que generó una nueva dictadura de partido durante más de 70 años y parecería no tener conclusion, por lo que mereció ser calificada de la "dictadura perfecta". Sin embargo, cuando la sociedad se decidió, puso en marcha una transición democrática que logró la alternancia. Lo ocurrido entonces es una lección de los mexicanos, porque lo logrado entonces no concluyó la transición hacia una democracia plena y las posibilidades de regresión existen. Solo el compromisió y la decision social podrán impedir el retorno a una nueva dictadura.

Capítulo I
INTRODUCCIÓN

La llamada Revolución Mexicana tuvo su inicio con el Plan de San Luis, de Francisco I. Madero, quien decepcionado por el incumplimiento del ofrecimiento democratizador que hiciera el Presidente Porfirio Díaz en su entrevista al periodista James Creelman, de la revista *Pearson's*, y publicada en *El Imparcial* el 3 de marzo de 1908, convocó al levantamiento en armas.

El viejo dictador había manifestado haber esperado el día en que el pueblo mexicano estuviera preparado para "escoger y cambiar sus gobernantes en cada elección, sin peligro de revoluciones armadas... creo que finalmente, ese día ha llegado". Y ofreció retirarse al concluir el periodo en curso y no volver a gobernar otra vez, dando, por ello, "la bienvenida a cualquier partido oposicionista en la República Mexicana. Si aparece, lo consideraré como una bendición, no como un mal", hasta ofreció colaborar con él si llegara a gobernar[1].

Esta promesa incumplida provocó el levantamiento armado

---

1 Cfr. Aguayo Quezada, Sergio, *La transición en México*, Fondo de Cultura Económica-El Colegio de México, México, 2010, p. 23-24.

y la renuncia del Dictador, iniciando con ello un breve proceso democrático que, sin embargo, no logró la pacificación del país. Diversas facciones de revolucionarios se mantuvieron activas, demandando cambios urgentes difíciles de realizar. Surgieron nuevos levantamientos y el golpe de Estado de Victoriano Huerta, que sumió al país en una lucha de facciones que habría de durar con diferentes manifestaciones hasta 1929.

Al no cumplir Díaz lo ofrecido, provocó la revolución armada que temía. Un millón de muertos fue el saldo de un intento democrático que se frustraría y daría paso a un nuevo sistema político. A diferencia de Díaz, quien decía mantener los principios de libertad y democracia, que por el momento eran impracticables por falta de preparación del pueblo, el nuevo sistema se empeñó durante todo el Siglo XX en afirmar su identidad democrática, sin tenerla

El sistema político que se implantó en el Siglo XX surgió, jurídicamente, de la Constitución de 1917, aunque la violencia y los levantamientos continuaron. Su inicial inspirador, el Presidente Venustiano Carranza, habría de caer también víctima de las balas.

El Presidencialismo

A esta Constitución se atribuyó, originalmente, el gran poder concentrado en el Presidente de la República, a pesar de que Carranza había señalado en la exposición de motivos del documento, que si bien el Presidente debería tener suficiente fuerza, también requería ser controlado por los otros poderes. Pero, en la práctica surgió el presidencialismo mexicano.

Se dio por sentado que ante la evidencia de un poder tan grande y visible no se requería demostración. Fue Stephen S. Goodspeed, en el *Papel del ejecutivo en México*[2], el primer investigador sobre los cuarenta primeros años del Siglo XX,

---

2 Goodspeed, Stephen S., (1955) *"El papel del Ejecutivo en México"* en Problemas Agrícolas e Industriales de México. Vol. VII, núm. 1, pp. 115-158.

pero su trabajo tuvo poca difusión. Posteriormente lo interpretó así Daniel Cosío Villegas en *El Sistema Político Mexicano*[3] *y El Estilo Personal de Gobernar*[4]. Se impuso una creencia que para muchos fue certeza.

Luego vino la obra de Jorge Carpizo, *El presidencialismo mexicano*[5], quien separó las facultades legales del Ejecutivo y lo que denominó las facultades "meta constitucionales". Sin embargo, la falta de estudio a fondo propició una serie de supuestos que llevaron a magnificar el poder del presidente, hasta considerar que era él quien hacía y decidía todo en la vida política del país. Para la consolidación de esta idea fue fundamental la obra de Daniel Cosío Villegas, *El sistema político mexicano*. Se impuso, así, una verdad indiscutible.

Se gestó el mito del presidencialismo todopoderoso, con gobernantes convencidos de su grandeza, queridos por el pueblo, capaces de proporcionar beneficios casi por arte de magia, pero también arbitrarios y en muchos casos superficiales y frívolos. La persona ocupó el lugar de la institución.

Esta imagen se generó en condiciones de estabilidad política, sin grandes demandas sociales y por lo tanto era fácil suponer un centro director que todo lo disponía. Cuando surgieron problemas al interior del partido, la disciplina se impuso por todos los medios.

Pieza vital del sistema fue el Partido de la Revolución, con sus distintos nombres. El Partido Nacional Revolucionario fue fundado por el Presidente Plutarco Elías Calles en 1929, como un instrumento que uniera a la "Familia Revolucionaria", para la pacificación de la lucha de facciones sobrevivientes de la

---

3 Cosío Villegas, Daniel, *El sistema político mexicano*, Cuadernos de Joaquín Mortiz, México, 1974.

4 Cosío Villegas, Daniel, *El estilo personal de gobernar*, Cuadernos de Joaquín Mortiz, México, 1974.

5 Carpizo, Jorge, *El Presidencialismo Mexicano*, Siglo XXI Editores, México, 2002.

Revolución, la incorporación de los caciques locales a una unidad política, la distribución y la conservación del poder, dentro de un sistema "democrático" donde fue el Partido dominante, por no decir único. Posteriormente, ya convertido en Partido Nacional Revolucionario por Lázaro Cárdenas, también fue el integrador de los sectores (¿clases?) de la sociedad al Partido, conjuntando la territorialidad de su organización original con el corporativismo, en una mezcla que no dejó de generar conflictos a través del tiempo, como ha reseñado Alejandra Lajous en *Los Orígenes del Partido Único en México*[6].

El PRI no negó su condición de instrumento del Gobierno para "organizar" a la sociedad conforme a sus pretensiones. Así lo reconoció Jesús Reyes Heroles, su presidente, en el pleno de la VII Asamblea Nacional del Partido en 1972:

> "Nacimos desde el gobierno para juntar y organizar a los vencedores. Nacimos de un poder de hecho que pugnaba por ser poder de derecho. Nacimos para dirimir las contiendas internas, evitando el derramamiento de sangre. En los momentos inmediatos al triunfo de la Revolución armada, el Partido operó como tenía que operar: partido dominante hegemónico, surgido de una revolución ya en el gobierno, apoyado en las fuerzas reales armadas. Poco después pasó a ser Partido mayoritario, sostenido por las fuerzas reales sociales, por las mayorías de la nación"[7].

Democracia a la Mexicana

Aunque desde sus orígenes el Partido Nacional

---

6 Lajous, Alejandra, *Los orígenes del partido único en México*, Instituto de Investigaciones Jurídicas, Universidad Nacional Autónoma de México, Tercera Edición, 1985, México, 1985.
7 Reyes Heroles, Jesús, *México Historia y Política*, Editorial Tecnos, S. A, Madrid, 1978, p. 180.

Revolucionario, abuelo del PRI, abusó de su fuerza para neutralizar a los posibles rivales, los excesos del Partido fueron creciendo con el tiempo, hasta que se hicieron más visibles cuando el sistema se vio sometido a presiones y críticas crecientes a finales de los sesenta, gracias a las transformaciones sociales y los medios de comunicación, que a pesar del control no dejaban de señalar muchas de las fallas del sistema. Entonces el presidencialismo mostró su capacidad real y sus límites. No hay por tanto, un ejecutivo omnipotente, sino una red de instituciones que contenían el conflicto social, en la cúspide de la cual estaba el presidente. De allí derivaba la capacidad presidencial de resolver los conflictos.

Cuando surgieron presiones sociales que amenazaban desbordarse, fueron aniquiladas a sangre y fuego, como fue el caso de la represión del 2 de enero de 1946 en León; al movimiento ferrocarrilero en 1959; al movimiento estudiantil de 1968, o a los estudiantes el 10 de junio de 1971, por sólo mencionar los más conocidos. Además de los controles no formales a la prensa, podemos destacar las intervenciones directas como las dos maniobras en Excélsior, la primera que llevó a Julio Scherer a la dirección y la segunda que lo destituyó. También fue notable la destitución de Mario Sojo en Impacto. Todo ello en un contexto de sucesivos fraudes electorales frente a candidatos opositores.

Las instituciones del Sistema

Las "instituciones" que hicieron funcionar al sistema fueron las integrantes de la red de la familia revolucionaria, convencida del beneficio del pacto realizado y compartiendo también, con el Presidente, parte del poder del sistema. La suma de cacicazgos y poder corporativo era en beneficio del presidente. La capacidad de cobrar cuentas cuando no había sometimiento, también era real y venía desde arriba. Y si no que lo diga Lombardo Toledano o los líderes agrarios que fueron purgados. Fue una red de premios y castigos, en vinculación ascendente y descendente, donde la suma del poder se concentraba en el Presidente, autoridad indiscutible. El cómo manejar esos hilos fue lo que gestó el "estilo personal de gobernar".

Esta red de complicidades, a su vez, es interpretada por Rogelio Hernández como "un principio de legitimidad" resultante de la eficiencia gubernamental en términos de desarrollo económico y satisfacción de necesidades socioeconómicas. La intermediación de instituciones entre 1940 y 1960 era adecuada y sólo las insatisfechas eran atendidas por la presidencia. Esa intermediación institucional, propia de la operación social, no se aceptó como tal, pues se interpretó como práctica de una sociedad tradicional que no sólo se sobreponía a las instituciones, sino que anulaba sus funciones. Esta concepción sostuvo la idea del presidencialismo como un mando superior o árbitro capaz de conducción de todo el sistema político.

La estabilidad política en realidad se explica, afirma Hernández[8], por la profunda penetración de las instituciones en la sociedad. Lo cual establece una paradoja, pues los analistas que hablan de falta de institucionalidad, reconocen algunas, como las corporaciones y el PRI. Aunque admite que fueron consideradas como recursos de control, subordinación y movilización social, pero las justifica por tener normas, jerarquías y tareas que cumplir. También existían organizaciones sociales, dependencias gubernamentales y partidos políticos que servían para transmitir demandas y, gracias a ellas, "evitar el conflicto social". Así, el sistema se movía mediante presiones y éstas eran atendidas según la fuerza con que se expresaban y el riesgo que representaban.

Uno de los elementos que aseguraba la cohesión en el

---

8 Cfr. Hernández Rodríguez, Rogelio en Bizberg, Illán y Meyer, Lorenzo, (Compiladores), *Una Historia Contemporánea de México*, Tomo II, Editorial Océano, México, 2005.

sistema, fue la red de complicidades en la corrupción. Al interior de la Administración Pública se toleraba el desvío de recursos siempre y cuando hubiera una red de beneficiados y disciplina respecto de los jefes de manera ascendente. La falta de disciplina derivaba en aplicación de responsabilidades. La discrecionalidad en el uso de los recursos públicos se convertía en una "espada de Damocles" para quien se saliera del cauce institucional.

Del mismo modo, los particulares se convertían en sujetos del chantaje de la burocracia, pues de acuerdo con el "aceite" ($) que se untara en las manos de los funcionarios, avanzaban o no las gestiones necesarias ante la autoridad.

De esta manera se instauró un modelo mixto, que tenía en los comités estatales y municipales del PRI el aparato electoral territorial, y la estructura corporativa que agrupaba o pretendía hacerlo, a los obreros principalmente en la CTM y luego el Congreso del Trabajo; a la CNC que agrupaba a los campesinos y luego el Congreso Agrario Permanente, y la CNOP, que encuadraba al resto.

A partir de los sesentas, sin embargo, la cantidad de demandas fue tal y en sentidos encontrados, que no hubo mecanismo capaz de satisfacerlas. Luis Echeverría pretendió emular a Lázaro Cárdenas y realizó un sexenio populista, que si bien satisfizo a algunos, generó críticas crecientes de su política en un tono no utilizado anteriormente.

Esta acción no provino principalmente desde la oposición política de los partidos, ni de la izquierda, sino del sector empresarial, como consecuencia de los fenómenos subversivos y los secuestros, así como la confrontación derivada de las críticas al sector privado, la polarización con el sector obrero, la expropiación de tierras en el norte, el control de la prensa, más la oposición en temas educativos. Esta espiral creciente culminó con la estatización de la banca. Paralelamente aparecieron nuevas organizaciones cívicas con creciente poder de convocatoria y mayor credibilidad que los partidos, los cuales no dejaban de recelar de ellas.

El sistema empezó a ser presionado por demandas de

democratización en el país, pero lejos de abrirse, se atrincheraba en sus posiciones y hacían su propia interpretación de la democracia. Al respecto, Régulo Cortés Lázaro escribió:

"El pacto dio lugar a la Constitución, que recoge con fidelidad los intereses de las distintas clases sociales que hicieron la Revolución. El poder de ésta configuró un estado que cohesiona orgánicamente a las fuerzas del pacto original. La legitimidad del poder político tiene su fuente en la propia Revolución.

"El estado revolucionario se sustenta fundamentalmente en las masas populares. Es un estado vinculado orgánicamente a los campesinos, a los obreros y a otros grandes grupos de trabajadores manuales e intelectuales. La Revolución dio lugar a un estado y éste organizó un partido para mantenerse articulando a las masas. En esta relación orgánica se conserva y actualiza la legitimidad del estado mexicano. Las elecciones no tienen en el régimen político de México, la condición de fuente legitimadora del poder. El poder del Estado es legítimo, política y doctrinalmente, por razón de su origen popular revolucionario.

"Por eso las elecciones no tienen en el país el alcance político que diera lugar a una sustitución del proyecto histórico que signó el Constituyente. En realidad las elecciones sancionan o reprueban en su caso el ejercicio del poder; la conducta del régimen, la dirección del mismo, en términos de congruencia política e ideológica con el Pacto original."[9]

Pero los partidos, como veremos más adelante, no aparecían en aquellos años como una opción, ni para la izquierda ni para la derecha. El vacío existente se convertía

---

9 Cortés Lázaro, Régulo, *Elecciones: ¿Legitimidad Revolucionaria o Sanción Electoral?*, en revista Divulgación, PRI del D. F., México, agosto de 1985.

peligroso respecto de los primeros y frustrante para los segundos. La hegemonía del PRI y la falta de salidas provocaron, finalmente, que en 1976 no hubiera candidato opositor registrado a la Presidencia de la República.

No se trata aquí de hacer la historia del PRI ni de sus características autoritarias, al respecto ya existe abundante bibliografía. Mi interés es analizar cómo fue posible la alternancia en la Presidencia en el contexto de un proceso de transición que desde mi punto de vista no ha concluido. Sostengo que fue la sociedad civil, liderada principalmente por empresarios, la que logró lo que parecía imposible: la alternancia en el poder, primero en la Cámara de Diputados en 1997 y posteriormente en la Presidencia de la República el año 2000.

El protagonismo político de empresarios que migraron a la actividad política ha sido mencionado por diversos autores, la mayoría de izquierda. Pero lo hacen lateralmente, pues enfatizan más en las acciones de actores afines a su pensamiento o se ocupan de los cambios sociales, económicos y políticos que favorecieron tal transformación[10]; las confrontaciones internas del PRI que derivaron en ruptura en torno a las elecciones de 1988[11]; a las sucesivas reformas electorales, y hasta las influencias internacionales en un contexto de derrumbe del socialismo real y de transiciones democráticas en otras partes del mundo. Y aunque en el PAN existen algunas referencias a este fenómeno al aludirse a la figura de Manuel J, Clouthier[12], no se analiza el cómo y el porqué de este fenómeno.

Todos los cambios señalados son ciertos, y forman parte del

10 Vid. Loaeza, Soledad, *Entre lo posible y lo probable. La experiencia de la transición en México*, Editorial Planeta Mexicana, S. A. de C. V., Temas de Hoy, México, D. F. 2008.
11 Cfr. Mirón Lince, *El PRI y la transición política en México*, UNAM y Ediciones Garnika, S. A., México, D. F., 2011.
12 Bañuelos, Javier, Maquío la fuerza de un ideal, CEN del Partido Acción Nacional, México 2002.

conjunto multicausal que puso en marcha la transición política mexicana, pero poco se ha hablado y explicado acerca del porqué se produjo el cambio entre los empresarios que, a la postre, lideraron la alternancia desde el PAN, a pesar de las resistencias de los panistas tradicionales.

Hasta donde tengo conocimiento, quien más se detuvo en el tema fue Soledad Loaeza, quien con motivo del Concurso del Centro de Estudios Espinosa Yglesias con motivo del XXV aniversario de la expropiación bancaria, escribió un ensayo sobre los efectos jurídicos y políticos de la expropiación bancaria[13], el cual no fue editado por dicha institución, a pesar de haber obtenido el segundo lugar. Coincido con ella en que con la expropiación o estatización de la banca se profundizaba la política intervencionista gubernamental para fortalecer a la izquierda, pero, en la práctica, benefició a lo que se identifica como "derecha".

Pero resulta parcialmente cierta, pero insuficiente por simplista, su afirmación de que:

> "La decisión galvanizó el antipresidencialismo y las opiniones antiestatistas dispersas que se habían venido formando en los años anteriores, no únicamente porque suscitara temores frente a un posible ascenso del socialismo, sino porque fue un ejemplo contundente de arbitrariedad y autoritarismo presidencial. Vista como un asalto a los derechos de propiedad, la expropiación fue una causa unificadora, entre todos aquéllos que tenían algo que perder: un banco o un condominio."[14]

La primera parte es verdad, había anti presidencialismo y temor al socialismo, pero la movilización posterior no radicó en el temor a la pérdida de un condominio, sino por el conjunto de acciones estatizantes que se incrementaron a partir del sexenio del Presidente Echeverría, así como la sistemática

---

13 www.soledadloaeza.com.mx/wp-content/uploads/2008/03/la-expro., consultada la última vez el 27 de septiembre de 2016.
14 Ibid. p. 24.

agresión a principios y valores de la sociedad mexicana. Lo que sí ocurrió fue la "aparición en el escenario de la protesta antes que en las ideologías y en las instituciones, una corriente de opinión que exigía la democracia aquí y ahora, en nombre de grupos de clase media, de profesionistas y empleados, de comerciantes, empresarios grandes y pequeños, de católicos, que se habían desarrollado políticamente a un lado de los hijos de la patria liberal, sin que éstos se percataran de ese crecimiento, entretenidos como estaban en sus propias querellas o mirando en otra dirección."[15]

Sin embargo, aunque registra el fenómeno, Loaeza no explica por qué, cómo y en quiénes específicamente se produjo este cambio cultural que transformó la forma como se manifestaron las protestas y resistencias anteriores ante hechos semejantes y que no produjeron efectos políticos de trascendencia, en tanto que la arbitrariedad de José López Portillo dio principio al proceso que habría de llevar al fin de la hegemonía del PRI, pues ella "Alteró las relaciones entre el Estado y la sociedad civil"[16].

Aquí busco dar respuesta a los porqués del cambio de la cultura política en los empresarios y grupos importantes de la sociedad, y que hasta ahora han sido ignorados porque otros son quienes buscan atribuirse el mérito del importante avance en la transición democrática de México después de casi un siglo de autoritarismo.

---

15 Ibídem. P. 27.
16 Ibid. p. 48.

Capítulo II
CARENCIA DE UNA OPOSICIÓN FUERTE AL PARTIDO OFICIAL

Hasta antes de la estatización de la banca, la hegemonía del PRI se logró por el uso de todos los medios a su alcance, los legales e ilegales, el fraude, la violencia y la amenaza que provocaron una resistencia pasiva de la sociedad. También faltó una oposición fuerte y decidida que se plantara frente al partido oficial. Hubo brotes esporádicos que generaron emoción y esperanza, pero fueron anulados por la fuerza. Por eso el PNR-PRM-PRI se implantó como partido cuasi único, aunque algunos lo calificaran como predominante.

Escisiones en el Partido Oficial

Así como habían sido los caudillos sonorenses quienes se hicieron del poder, eliminando a sus adversarios, fue dentro del mismo grupo donde surgieron las principales resistencias en los primeros años. Caudillos intelectuales o militares intentaron resistir al nuevo partido.

Todavía bajo el influjo de las armas y en la costumbre de los levantamientos armados, apenas fundado el PNR se publica el Plan de Hermosillo, donde se califica al Presidente Calles de "el judas de la Revolución Mexicana" y de usar al PNR para perpetuarse en el poder a través de Pascual Ortiz Rubio. El

Gobierno salió fortalecido tras la rebelión escobarista, que terminó en un saqueo de bancos y la huida a los Estados Unidos.[17]

El primer opositor democrático, surgido del obregonismo, fue José Vasconcelos frente a Pascual Ortiz Rubio en 1929. Durante la campaña de este intelectual, el naciente sistema ensayó todos los medios que lo habrían de mantener en el poder, con sucesivos cambios de nombre –Partido Nacional Revolucionario, Partido Revolucionario Mexicano y Partido Revolucionario institucional--, hasta el año 2000. La violencia y el fraude caracterizaron la campaña, y aunque Vasconcelos logró despertar ánimo y esperanza entre el electorado, el aparato gubernamental lo anuló con un evidente fraude electoral.

Ante la brutalidad del sistema, que respondió con asesinatos y persecuciones a los vasconcelistas, y ante la evidencia de lo que habría de ocurrir en el proceso electoral, renació la idea de la resistencia mediante la fuerza y de la conspiración, como relata Salvador Azuela en *La Aventura Vasconcelista -1929-*[18], que se tradujo en el Plan de Guaymas, pero que nunca llegó a ejecutarse porque las fuerzas públicas detuvieron a quienes podrían llevarlo a la práctica.

De la misma familia revolucionaria surgiría la candidatura de Juan Andrew Almazán, quien capitalizó el descontento contra el Presidente Lázaro Cárdenas, pero no pudo derrotar al General Manuel Ávila Camacho, a pesar del apoyo alcanzado en las áreas urbanas, pero sin poder superar el control político del gobierno en el campo, amén del uso de la violencia contra sus partidarios. Por su imagen de independencia frente al sistema y en vista de su reciente creación, Almazán fue apoyado

---

17 Cfr. Aguilar Camín y Meyer, Lorenzo, *A la sombra de la Revolución Mexicana*, Editorial Cal y Arena, México, enero 2009, p.111.
18 Azuela, Salvador, *La Aventura Vasconcelista 1929*, Editorial Diana, México, 1985.

por el PAN.

Nuevamente los partidarios de Almazán se vieron tentados por la rebelión, mientras el candidato abandonaba el país. Los intentos de revuelta fueron sometidos y al retornar al país Almazán anunció su retiro de la política. Sus partidarios se sintieron traicionados y su movimiento no trascendería.

No faltaron opositores de la misma familia revolucionaria a la candidatura de Miguel Alemán, pero tampoco trascendieron. Ezequiel Padilla, apoyado por el Partido Demócrata Mexicano apenas obtuvo el 19.33 por ciento de los votos, frente al 77.9 por ciento del candidato oficial. Nuevamente se produjo la denuncia de fraude, pero sin mayor apoyo, por lo que el candidato y su partido se perdieron en el tiempo.

Años más tarde, la izquierda del sistema se rebeló contra la orientación política del alemanismo y se opuso a la candidatura de Adolfo Ruiz Cortines. Vicente Lombardo Toledano y Miguel Henriquez Guzmán, miembros del sistema rompieron con su partido. La candidatura del primero resultó intrascendente, en tanto que el segundo logró movilizaciones que lo convirtieron en una amenaza. En torno al henriquismo se unieron míticos miembros del sistema como Francisco J. Mújica y Graciano Sánchez, pero tampoco eso les valió para obtener la victoria. Nuevamente el aparato del gobierno se impuso y el cómputo apenas le reconoció medio millón de votos frente a 2.7 millones de Ruiz Cortines. A los otros dos partidos que presentaron candidatos, y habrían de sobrevivir, el PAN y el PP apenas se les reconocieron 285 mil y 72 mil votos, respectivamente.

Un asilo para los viejos revolucionarios

Anotemos al Partido Auténtico de la Revolución Mexicana como una supuesta opción política, más que oposición, y como una verdadera concesión desde el poder para viejos revolucionarios, particularmente de origen militar, encabezados por Jacinto B. Treviño y Juan Barragán y que ya no tenían cabida en el PRI. El Partido contó con el apoyo del

Presidente Ruiz Cortines y tuvo una trayectoria gris. Aunque no alcanzara los porcentajes requeridos, se le asignó siempre una cuota de cinco diputados de partido. De pequeña estatura siempre iba pegado al PRI en la candidatura presidencial y en las votaciones en el Congreso.

La izquierda neutralizada

El Partido Comunista Mexicano nació en 1919 y durante algún tiempo tuvo registro oficial, pero posteriormente le fue cancelado durante muchos años, hasta que con la reforma política del Presidente José López Portillo pudo recuperar su registro, transformándose en el PSUM en 1981, sin alcanzar mayor arraigo electoral. Sin embargo, a su amparo se desarrolló una izquierda revolucionaria no democrática que no descartaba la violencia como medio de transformación del país.

Para el Partido Comunista Mexicano, el de México era un régimen presidencialista despótico. Arnoldo Martínez Verdugo, quien fuera su principal dirigente y candidato del PSUM a la presidencia de la República, reconocía que había dispersión entre las fuerzas democráticas y poca influencia en las masas de trabajadores, por lo que estaba consciente de que no era oportuna una revolución socialista. Sin embargo, alentaba la unión de todas las fuerzas democratizadoras para avanzar en las libertades en el país.

> "Una salida de tipo democrático de la crisis no es la revolución democrática socialista por la que nosotros luchamos, pero es la forma concreta, práctica y real de preparar las condiciones efectivas para un avance revolucionario. En primer lugar porque el problema central que debemos resolver, el de la formación de una *fuerza revolucionaria autónoma de alternativa al sistema,* sólo se puede abordar en el curso de una lucha diaria, uniendo a todas las corrientes y tendencias en torno a objetivos inmediatos y capaces de ser alcanzados por el esfuerzo común. Y la lucha por la libertad política es la consigna capaz de aglutinar a las más amplias fuerzas.

En segundo lugar, porque la solución democrática de la crisis o la sola conquista de posiciones democráticas para las masas, no la concebimos como un fin en sí mismo, sino como la creación de condiciones más favorables para que la clase obrera despliegue su potencialidad revolucionaria y asuma las condiciones de su hegemonía sobre todo el movimiento".[19]

El Partido Comunista Mexicano, creado en 1919, fue un grupúsculo muy activo y capaz de generar y conducir inconformidades de grupos proletarios o campesinos, pero más dentro de la estrategia de la agitación y propaganda, que con pretensiones electorales. Por la naturaleza de su lucha eran víctimas continuas de represión. Existían muchos grupúsculos enfrentados entre sí, pues se reflejaban en México, por ejemplo, las diferencias entre Stalin y Trotsky. En 1934 se otorgó el registro al Bloque Obrero y Campesino Nacional[20], en 1950 nace el Partido Obrero-Campesino Mexicano[21]. El PCM se suma a la campaña presidencial de Vicente Lombardo Toledano, candidato del Partido Popular, en 1951. Con la reforma política promovida por Jesús Reyes Heroles obtienen su registro electoral el PCM y el PST, que al carecer de fuerza se transforman en el PSUM. Ya tienen voz, pero los votos no muestran que fueran opción.

Por una parte, fue característico de la izquierda estar atomizada o integrada al partido oficial. En este último caso no faltaban justificantes para considerar que el proyecto socialista podría generarse dentro del mismo PRI. A propósito del corporativismo del partido, en 1976 Víctor Flores Olea escribía:

"Es imposible pensar en la defensa efectiva de las libertades democráticas en México, ni en una ampliación de esas

---

19 Martínez Verdugo, Arnoldo, Hacia una solución democrática de la crisis política actual, en Nueva Política, Vol. 1, Núm. 2, abril-junio, 1976, p.262.

20 Martínez Nateras, Arturo, La Izquierda Mexicana del Siglo XX, Libro 1. Cronología, UNAM-Gobierno del Estado de Morelos, 2014, p.189.

21 Ibid., p. 253.

libertades que prepare el camino a transformaciones más intensas, sin que la acción política necesaria englobe también a los organismos obreros, campesinos y populares que están dentro de los marcos oficiales."[22]

Con ello trataba de evitar la condena a todas las fuerzas sociales que están "dentro del Estado"[23], y la absolución de quienes permanecen fuera de él.

Otra expresión de resignación de los intelectuales de izquierda, fue minimizar la democracia política, a pesar del reconocimiento de que no existía en el país. Sin embargo superaban el "formalismo democrático" occidental, para trasladar su análisis a la democracia social y económica. Rodolfo Stavenhagen señalaba que en México no se habían dado condiciones históricas para la democracia electoral. Tras analizar sus características de cooptador de las oposiciones, de maleabilidad para hacer suyas las demandas de la oposición y actuar como una amiba que "se extiende hacia todas partes, se expande y se contrae", llega a una conclusión que ayudó al fortalecimiento de esa fuerza y a la neutralización opositora de la izquierda al afirmar:

> "Poco importa que se trate de un sistema calificado de autoritario, prácticamente unipartidista, si los cambios necesarios en la sociedad mexicana pueden articularse desde el interior del mismo. He allí la cuestión capital de los momentos actuales".[24]

Este autor aceptaba una tesis en boga entonces, que sostenía que así como en los países con democracia liberal pluripartidista los conflictos se resolvían entre los partidos, en México ocurría dentro del sistema mismo, en el interior del

---

22 Flores Olea, Victor, *Notas Sobre Política Mexicana*, en Nueva Política, Vol. 1, Núm. 2, abril-junio, 1976, p.11.

23 Llama la atención que el autor de ese artículo identifique al grupo en el poder como el Estado.

24 Stavenhagen, Rodolfo, *Reflexiones sobre el proceso político actual*, en Nueva Política,, Vol. 1, Núm. 2, abril-junio, 1976, p. **22**.

partido y del Estado.

Por su parte, Pablo González Casanova, autor de La Democracia en México[25], tenía la "certeza histórica, política, científica y moral" de que la solución a los problemas de México era el socialismo, de presencia añeja el país e, incluso, en el Partido de la Revolución Mexicana (de Cárdenas). No veía claro el camino por el cual esta corriente podría triunfar en el país. Después del Movimiento Estudiantil de 1968 y la cooptación de muchos de sus líderes por el sistema, que habían provocado en ciertos sectores la fascinación por la lucha armada, impulsada por Cuba con el padrinazgo mítico del Che Guevara y encarnadas en el grupo de Lucio Cabañas o la Liga 23 de septiembre, por ejemplo, descartaba esta vía como posible. Proponía, si, una lucha política y sindical, pero no precisamente electoral.

> "En la situación actual de México, decía, la inmensa mayoría de los partidos, grupos e ideólogos socialistas ha llegado a la conclusión de que en este país no hay condiciones revolucionarias para tomar el poder en el futuro inmediato, ni por la vía política ni por la vía armada. Tal conclusión parece ser una verdad objetiva, y en todo caso es la verdad de los protagonistas que actúan, y que son capaces de actuar".[26]

El Partido Popular Socialista, por su parte, sufrió el deterioro de Vicente Lombardo Toledano y de sus herederos. De la influencia que su líder intelectual tuvo con Cárdenas y como creador de la CTM, su declive fue continuo a partir de que perdió la batalla con Fidel Velásquez. El PPS terminó como reducto de una izquierda anquilosada, con un discurso gastado contra lo que significó Miguel Alemán como

---

25 González Casanova, Pablo, *La Democracia en México,* Editorial Era, Tercera Edición, México, 1969.
26 González Casanova, Pablo, EL Futuro Inmediato de la Sociedad y el Estado, en Nueva Política,, Vol. 1, Núm. 2, abril-junio, 1976, p. 28.

desviación de la Revolución Mexicana; como eco desafinado de las tesis soviéticas, y dependiente de la ubre gubernamental. Su puntilla final fue la traición de Jorge Cruickshank a Alejandro Gascón Mercado, cuando éste, según las evidencias, había logrado el triunfo en el Estado de Nayarit, en 1975, y cedió la victoria a cambio de ser candidato a Senador por la fórmula PPS-PRI.

En 1976, el candidato del PRI, José López Portillo, no tuvo rival viable al frente, pues como siempre ocurría, también era candidato del PARM y del PPS, y el PAN no lanzó candidato. Este vacío favoreció a Valentín Campa, candidato del Partido Comunista Mexicano, quien obtuvo casi un millón de votos, pero de nada valió, pues el PCM estaba proscrito y carecía de registro, por lo que esos votos fueron anulados.

La crisis de la elección del 76 obligó al sistema a abrirse y realizar una reforma política, dirigida por Jesús Reyes Heroles y concretada después de una serie de audiencias públicas para escuchar diversas voces de partidos y la sociedad. Como consecuencia de ello, se registraron nuevos partidos políticos. Por la izquierda obtuvieron su registro el Partido Comunista Mexicano, quien en la siguientes elecciones obtuvo el 4.98% de los votos; el Partido Popular Socialista mantuvo su registro, pero sólo alcanzó el 2.56% de la votación, y el Partido Socialista de los Trabajadores con 2.11%.

Para 1982, en la elección de la crisis e inmediata previa a la estatización de la banca, se incrementó el número de partidos y agrupaciones políticas que participaron en el proceso. Como partidos, sólo obtuvieron su registro el Partido Revolucionario de los Trabajadores y el Partido Social Demócrata. El lugar del Partido Comunista Mexicano fue ocupado por el Partido Socialista Unificado de México, resultante de la fusión de éste con el Partido Socialista Revolucionario, el Movimiento de Acción Política, el Movimiento de Acción y Unidad Socialista, el Partido del Pueblo Mexicano y el Movimiento de Acción Popular.

En estas elecciones, el PSUM obtuvo el 4.16% de los votos, porcentaje menor a los del PCM en la anterior elección; el PPS el 1.78, el PST 1.68%, porcentaje también inferior; el PRT el 1.26, y el PSD del 0.23%. La consecuencia fue que el PSD perdió su registro como partido, al igual que el PRT.

Los católicos neutralizados

El levantamiento cristero como consecuencia de la "Ley Calles", menospreciado en sus inicios como algo inviable, se transformó a través del tiempo en una fuerza creciente que llegó a controlar buena parte del territorio de occidente y a poner en jaque, mediante la guerrilla, a los agraristas y el ejército en varios estados. Ésta fue la amenaza que veía Plutarco Elías Calles cuando convocó en su último informe presidencial, en 1928, a la familia revolucionaria a unificarse en un frente único que le permitió fundar el PNR.

En ese contexto y con el apoyo de Washington, Calles negoció con los obispos mexicanos, a través de Mons. Pascual Díaz Barreto y Mons. Leopoldo Ruiz y Flores, los arreglos para que se reabrieran los templos y cesara la lucha armada. Las consecuencias de los arreglos fueron nefastas para los laicos que habían tomado las armas y, disciplinados, las entregaron para acogerse en una amnistía simulada que costó la vida a muchos de ellos, asesinados a traición.

Por otra parte, "los arreglos" fueron verbales y no quedaron por escrito, según declaró Mons. Ruiz y Flores a José C. Valdés, y como reconoció Felipe Canales, quien fuera secretario de Gobernación y testigo de los mismos, pero que al no cumplirse por parte del Gobierno, explicó que: "Sin duda, el señor Presidente ofreció todo eso; yo estaba presente, pero no sabía lo que ofrecía, puesto que al desocupar esos edificios (las propiedades de la Iglesia como seminarios, casas episcopales, etc.) y devolverlos se echaría encima un enjambre de enemigos"[27]. Todo quedaba condicionado a la "prudencia con

---

27 González Fernández, Fidel, Sangre y corazón de un pueblo. Los Mártires de Cristo, Ediciones Papiro Omega, S. A., Arzobispado de Guadalajara, Universidad Vasco de Quiroga, 2013, p. 228.

que procedan los católicos en sus relaciones con el gobierno y en las peticiones que hagan", según expresión de Mons. Jesús María Echeverría y Aguirre, obispo de Saltillo[28]. En esta frase se encierra el condicionamiento que implícitamente se hacía a los católicos, no sólo en el terreno religioso, sino también en el político. A partir de ese momento los obispos ataron las manos a los seglares para que su actuación no generara nuevas fricciones con el gobierno y el poder. De Roma llegó también la instrucción a los católicos para no meterse en política. Esta situación generó grandes tensiones. El propio Papa Pío XI pidió a los católicos mexicanos abstenerse de crear partidos políticos católicos. Los que existieran, explica el padre Pedro Fernández tendrían que actuar sin la protección de la Iglesia. El camino señalado por el Papa fue oración y acción católica controlada por la jerarquía. La estrategia diseñada por Monseñor Luis María Martínez fue de resistencia pacífica.

Después de los arreglos, las relaciones entre la Liga Nacional Defensora de la Libertad Religiosa y los obispos fueron tensas, pues aunque los combatientes obedecieron a sus prelados, no por ello estuvieron de acuerdo y en paz. Quienes deseaban continuar la lucha promovieron la creación del Partido de Unión Nacional pero lejos de unificar criterios, eso generó descontento. En materia política apoyaron a José Vasconcelos y a Antonio I. Villarreal, pero ante todo era, como dice el padre Fidel González, un ir contra corriente que tenía mucho de testimonial y de simbólico.

Un nuevo intento de rebelión se produjo en tiempos de Lázaro Cárdenas, cuando el llamado "rescoldo" cristero pretendía reavivar el fuego en una segunda cristiada que careció de apoyo y efectividad, fue muy localizada y duró entre 1931 y 1941. Su motivación radicó principalmente en los postulados socialistas del Presidente Cárdenas y su proyecto educativo, amén de otras manifestaciones antirreligiosas. El Episcopado se opuso firmemente a esta movilización y, finalmente, murió por la persecución de que fue víctima y por el abandono de los

---

28 Cfr. Ibid.

católicos.

Por otra parte, la inquietud sembrada con las Semanas Sociales que siguieron a la publicación de la encíclica Rerum novarum, del Papa León XIII y que tuvo un fuerte impacto entre los mexicanos, no cesaban. Durante las elecciones en que Francisco I. Madero fue electo Presidente, el Partido Católico Mexicano destacó por sus triunfos electorales. Los católicos se sabían con fuerza para actuar.

El Sinarquismo, una oposición sin partido

Ante el fracaso del nuevo intento cristero, actuaba una organización secreta denominada *Las Legiones,* que podría considerarse heredera de una similar que se llamó la Unión de Católicos, o la U, que trabajó desde antes de la guerra cristera y operaba dentro de la Liga Nacional Defensora de la Libertad Religiosa. *Las Legiones,* también conocidas como *La Base,* optaron por la lucha cívica ante la imposibilidad de una lucha armada.

Salvador Abascal, en *Mis Recuerdos,* reseña como ante el languidecimiento de *Las Legiones,* Julián Malo Juvera propuso en 1937 la creación de una institución pública que proporcionara actividad legal y abierta. Su propuesta inicial fue constituir un Partido Político Nacional para luchar en el campo electoral. Sin embargo, a pesar de ser el Jefe de dicha institución, no obtuvo el apoyo de sus integrantes, pues entre ellos existía la convicción de que la democracia liberal conducía, a fin de cuentas, al marxismo.

El mismo Jefe de *Las Legiones* retiró la propuesta y se acordó constituir una organización cívica que recibió el nombre de Sinarquismo, por oposición a la anarquía que percibían en la vida social de México. Esto no significa que entre sus miembros no existiera la convicción de tomar el poder, enfrentando las tendencias socializantes del gobierno, expresadas principalmente en la educación.

"… pero por sus pasos contados, echando primero los cimientos, sin tratar de empezar por el golpe de Estado, que sería como el remate de la obra de reconstrucción social hasta donde ésta es posible dentro de un Estado revolucionario, y por tanto sin perder tristemente el tiempo haciéndole el juego al enemigo con un Partido electoral."[29]

Pese a esta posición, en su primer Manifiesto afirmaron que su aspiración era una sociedad regida por una autoridad legítima, emanada de la libre actividad democrática del pueblo. Si se repudiaba la democracia liberal y no se hacía el juego al enemigo por la vía electoral, no quedaba claro cuál era el camino a seguir y el modelo democrático propuesto.

Posteriormente se fundaba el PAN en 1939, por lo que dos corrientes con influencia católica surgían con propuestas que no eran compatibles, aunque Antonio Santacruz había conseguido del nuevo jefe de *Las Legiones*, Felipe Coria, que muchos de sus militantes apoyaran a Manuel Gómez Morín, emigrando a Acción Nacional. Desde entonces se inició una fuerte rivalidad entre las dos instituciones, al grado que Abascal afirma que el PAN no era enemigo de la Revolución, sino del Sinarquismo, y cuando se reunió con Gómez Morín y éste le propuso que se fusionaran, él aceptó con la condición de que el PAN se subordinara al Sinarquismo. Enfáticamente se afirmaba que su causa no admitía más que una sola agrupación.

Al no participar en procesos electorales durante la conducción de Abascal, el Sinarquismo se destacó por sus movilizaciones masivas, mostrando fuerza y penetración social, sobre todo entre la gente del campo –cosa que no lograba el PAN--. En Morelia y León, por ejemplo, movilizó sorpresivamente a miles de campesinos que hizo desfilar ante las autoridades militares. Pero no consideraba estas acciones como preparativo para la toma del poder –al modo que Mussolini había hecho en Italia—sino que los consideraba actos de propaganda para conseguir la simpatía popular.

---

29 Abascal, Salvador, Mis Recuerdos, Editorial Tradición, México, 1980, p. 146.

Pero al mismo tiempo que atacaba y desafiaba a la autoridad, en 1941, en un mensaje publicado en *El Sinarquista*, Abascal escribía:

> *"El Sinarquismo no es oposición al Gobierno. Es afirmación de lo Nacional. Hágase el Gobierno un Gobierno Nacional y formará una sola unidad con México, con el pueblo, con el Sinarquismo."*[30]

Sí era una oposición social, de corte militarizado, lo cual hizo que se pensara que tenía influencias fascistas o nazis, cosa que Abascal desmintió insistentemente y que, además, no era congruente con el catolicismo social que animaba al movimiento. Calificativos de esa naturaleza correspondían al simplismo descalificador de parte del Gobierno y de los marxistas. Pese a ello, el Gobierno Norteamericano vigiló a dicho grupo y presionó para que Salvador Abascal fuera destituido.

En 1946, pese a las críticas originales a la democracia, la UNS obtiene el registro de su Partido Fuerza Popular con más de medio millón de afiliados. Pero dos años más tarde, durante un mitin en el Hemiciclo a Juárez en la Alameda de la Ciudad de México, colocan una sábana en la cabeza de la estatua de Juárez. En respuesta por esta ofensa al prócer, se canceló su registro y perdió la oportunidad de participar en la lucha electoral.

El sinarquismo fue perdiendo fuerza poco a poco y dejó de ser el movimiento popular que pareció ser una ola social que arrasaría al régimen.

Sin embargo, a raíz de la reforma política de Jesús Reyes Heroles, hubo un nuevo intento del Sinarquismo de organizarse como partido. Surgió así el Partido Demócrata Mexicano, que no contó con el aval de todos los sinarquistas, pues algunos de ellos se mantenían en la idea de ser una fuerza social, más que política. En 1979, el PDM apenas obtuvo el 2.05% de los votos y en 1982 alcanzaron el 2.22%. Cabe señalar

---

30 Ibid. p. 199.

que obtuvieron algunas victorias en elecciones locales en Guanajuato y Jalisco. En la búsqueda de un espacio político hasta llegó a definirse como de "centro izquierda", cuando sus antecedentes históricos lo ubicaban en la extrema derecha. A la postre no pudo conservar su registro.

El PAN en una brega de eternidad

El Partido Acción Nacional nació en 1939. Se afirma que el impulso para su creación se derivó de las reacciones sociales contra el gobierno de Lázaro Cárdenas. Empresarios y católicos estaban preocupados y querían revertir el camino que tomaba el PRM. Sus dos cabezas principales fueron Manuel Gómez Morín y Efraín González Luna. Ambos son representativos de dos corrientes intelectuales y sociales.

Manuel Gómez Morín fue un abogado brillante que había colaborado con Plutarco Elías Calles en el área financiera, participando en la configuración del Banco de México y fue rector de la Universidad Nacional Autónoma de México, en cuya gestión se logró, precisamente, la autonomía universitaria. Fue integrante del llamado grupo de Los Siete Sabios, de importancia intelectual al concluir la Revolución. Pese a ser católico, se le identifica con una corriente liberal.

Por su parte, Efraín González Luna, también intelectual, fue un pensador totalmente alineado a los principios del catolicismo, entre sus actividades de abogado destaca haberlo sido de la Arquidiócesis de Guadalajara.

Tras los dos dirigentes se encuentra un conjunto de destacados profesionistas representativos de ambas corrientes, que para Luis Calderón Vega, serían el mejor ejemplo del pluralismo y la aconfesionalidad del partido. La comisión redactora de los Principios de Doctrina del PAN, encabezada por Efraín González Luna, reunió a católicos destacados, procedentes de la Acción Católica y de la misma Base, como Rafael Preciado Hernández y Miguel Estrada Iturbide. Pero también por positivistas o no católicos como Agustín Aragón, Gustavo Molina Font y Aquiles Elorduy.

La trayectoria personal de los dos fundadores ha llamado la atención, no sólo por sus diferencias intelectuales, sino por su vida. Muchos católicos vieron siempre con sospecha la vinculación originaria de Gómez Morín con la familia revolucionaria, su admiración por la Revolución Soviética y sus servicios a la embajada de la URSS, así como la forma como decidió pasar a la oposición. José Vasconcelos, decepcionado de sus posiciones equívocas lo acusó de oportunista que "está al servicio de todas las oportunidades"[31] En cambio, González Luna siempre mantuvo invariable la misma posición, claramente definido por el catolicismo social.

En opinión de Carlos Arriola, el PAN osciló desde su nacimiento entre la decidida participación electoral y la abstención. A diferencia de la recomendación de Vasconcelos de contar con profesionales de la política, Gómez Morín diría que en el PAN se reunían hombres de trabajo que no harían de la política su ocupación constante.

El PAN apoyó a Almazán, a pesar de reconocer que no existían condiciones para su triunfo por la parcialidad gubernamental. En plena campaña, en 1940, Gómez Morín expresó por primera vez una frase –"brega de eternidad"- que habría de interpretarse como una renuncia a triunfos a corto plazo y como un bálsamo consolador en las continuas derrotas. También pidió entonces que no hubiera ilusos para que tampoco hubiera desilusionados.

Esta brega de eternidad fortalecía la visión de quienes consideraban que para poder triunfar, primero debería realizarse una tarea prolongada de educación cívica de los mexicanos, pues no estarían preparados para la vida democrática.

El Acta Constitutiva de Acción Nacional omitió hacer referencia a la lucha política o a la conquista del poder, más bien se refirió a la actividad cívica, de intervención en todos los

---

31 Arriola, Carlos, El miedo a gobernar, La verdadera historia del PAN, Editorial Océano, México, 2008, p. 24.

aspectos de la vida pública y de educación política.

Fue así como el PAN inició una larga lucha en la cual sus miembros realizaban campañas políticas locales, estatales y federales, por puestos en el poder legislativo y en el ejecutivo, que arrojaban pocos resultados. En su *Reportaje sobre el PAN*[32], Calderón Vega reseña las luchas electorales, las represiones, los numerosos fraudes y los pocos resultados obtenidos. Hasta 1970, después de "miles" de planillas presentadas para los ayuntamientos, el PAN había obtenido 79 triunfos. Algunas victorias se convirtieron en emblemáticas, como las de Mérida en 1967, en Sonora, en San Pedro Garza García. En Mexicali y Tijuana, para no reconocerles el triunfo, se anuló la elección.

En cuanto a las diputaciones locales, después de miles de candidaturas, el PAN apenas había obtenido 3 triunfos.

Para ese mismo año, el PAN apenas había obtenido 89 diputados federales, de los cuales 60 correspondían a los diputados de partido resultantes de la reforma política en tiempo del Presidente Adolfo López Mateos y que buscaba dar aire a una fatigada oposición que tampoco podía lanzar candidatos en todo el país. Cabe señalar que la idea de los diputados de Partido había sido propuesta por Gómez Morín a Manuel Ávila Camacho en 1942, sustituyendo los triunfos de mayoría simple por un sistema de representación proporcional.

Ese no era el ideal democrático, explica Calderón Vega, sin embargo lo considera un paso contra el monopolio y un inicio de pluralismo político, ante la necesidad de opinión y políticas diferentes a la oficial. De ese modo se pensaba que la ciudadanía alentaría una reforma electoral de mayor profundidad y que con más diputados se serviría mejor al país. Los dirigentes estaban conscientes del riego de que ello levara a la institucionalización del fraude electoral, que se fomentara

---

32 Calderón Vega, Luis, *Reportaje sobre el PAN, 31 Años de Lucha,* de Acción Nacional, México, 1970.

el conformismo y que de mantenerse ese status quo habría un retroceso político. Pese a ello, aceptaron la reforma.

Los diputados de partido vinieron a ser, a la postre, un aspecto negativo para el Partido y para los demás partidos. Por una parte no se cumplía la ley para que las diputaciones se distribuyeran para quienes más votos obtenían, sino que por encima de ello esos cargos eran ocupados por los dirigentes – en el PAN se les llamó familias custodias--, que si bien eran los más preparados para el debate parlamentario, se convirtieron en cargos recurrentes sin que otros militantes con efectividad electoral, accedieran a esos puestos. Esto también provocó que al PAN se le calificara de comparsa del PRI, pues aunque ganaran el debate en la tribuna, perdían la votación, pero, a fin de cuentas, eran parte de la elaboración de la ley y se les convertía en contribuyentes a la misma. A los otros partidos, que no alcanzaron el porcentaje requerido para tener diputados, se les regalaron escaños, lo cual demeritaba más dicho sistema.

El balance de 52 años de vida parlamentaria del PAN fue calificado por Manuel González Hinojosa como muy pobre, en cuanto a presentación de iniciativas y la definición del partido a través de ellas.[33]

En cuanto a la lucha por gubernaturas, destacan por su fuerza en aquel periodo, la de Salvador Rosas Magallón en Baja California, la de Luis H. Álvarez en Chihuahua y la de Correa Rachó en Mérida. También en esos casos fue evidente y público el fraude electoral. Ante la movilización social, el Gobierno recurrió a la violencia para imponer al candidato del PRI en ambos estados. Estos brotes de participación política que afloraban en diversos estados, eran neutralizados por la fuerza, generando el desaliento e impulsando las corrientes internas favorables a la abstención.

En el PAN, afirma Juan Manuel Gómez Morín, las

---

33 Cfr. Rodríguez Prats, Juan José et al, *Actores y testigos*, Tomo I, Fundación Estrada Iturbide, PAN, 2000, p. 216.

campañas se daban para ganarlas, aunque eran remotas las posibilidades de triunfo o de que éste se reconociera. "Al mismo tiempo, el partido no fue creado con el fin único de ganar elecciones y llegar al poder, sino, primero, para formar conciencia cívica"[34]. Así pues, se asumió como formador de conciencia cívica, impulsor de la participación política, plantear problemas, proponer soluciones y oponerse a la explotación económica y política de la sociedad.

> "Aunque siempre hemos aspirado al poder, pues ése es uno de los objetivos esenciales de todo partido político, al principio en Acción Nacional se insistió mucho en la idea de que también se puede gobernar desde fuera del poder." En un sistema democrático "la oposición juega un importantísimo papel, no sólo porque abre la posibilidad de alternancia en el gobierno, sino porque en su estricto carácter de oposición igualmente abre otras alternativas a la línea política oficial; critica esa línea, la puede afinar, complementar, reorientar". Las primeras generaciones de diputados eran vitales para "trabajar por un México mejor".[35]

Los dos objetivos expuestos no siempre fueron muy claros en su énfasis y su prioridad. Pero, sobre todo, resultaba claro que antes que la conquista del poder, *primero* era ser oposición. De ello se formó una clara conciencia en los militantes. Se adquirió una cultura testimonial de la cual estaban orgullosos. Asumieron una oposición estoica, digna incluso de admiración, pero que era de resignación, como lo expresa la frase con que Luis Calderón Vega culminaba su historia del Partido: "Seguiremos continuando".

Ser oposición parecía ser la vocación y el espacio que se pedía frente al sistema.

Por ello, Efraín González Luna, defendiendo su caso en el Colegio Electoral de la Cámara de Diputados en 1946, afirmó:

---

34 Ibid. p.205
35 Ibid.

"No es conveniente para el mismo régimen que se dice revolucionario que no haya voces críticas".[36]

Juan Manuel Alcántara Soria afirma que el PAN puso todo su énfasis en la democratización, de modo simplista y reiterativo, y no abrió sus planteamientos a otros problemas. Se obsesionó con ser oposición.[37]

Esta situación provocó crisis internas en el PAN. La Ley de Organizaciones Políticas y Procesos Electorales, que fue fruto de la reforma política de Jesús Reyes, no dejó de ser vista como un medio de mayor control del Gobierno sobre los partidos, donde se les obligaba a participar en los procesos electorales – en la elección anterior el PAN no había registrado candidato a la Presidencia de la República—y se amenazaba con la cancelación del registro si no participaban.

Por otra parte, mientras unos hacían énfasis en el avance local, en los municipios, otros, como María Elena Vicencio, veían en el legislativo un mayor avance democratizador que en la conquista del ejecutivo.[38]

Esta situación relegaba al PAN al papel de grupo de presión que, ante la imposibilidad del triunfo, hace de su presencia un medio para, al menos, mejorar el papel que realiza el gobernante y para que, también, se mejore el perfil de los candidatos del PRI a los puestos de elección popular. José Ángel Conchello, con la ironía que lo caracterizaba, reflejó esa idea al afirmar que la presencia del PAN en el Congreso logró que la imposición se aviniera con la oposición, y que el PRI "mejorara el ganado"[39] Son opiniones de los panistas sobre sí mismos.

Por su parte, para los historiadores políticos de izquierda, como Aguilar Camín y Lorenzo Meyer, el PAN apenas si merece ser mencionado sin mayor relevancia. Su postura es

---

36 Ibídem, p. 43.
37 Ibid. p. 20.
38 Ibid. p. 42.
39 Ibid. p. 119.

lógica por el antagonismo ideológico, pero también la apoyan en el porcentaje obtenido por sus candidatos en las elecciones presidenciales, aunque también silencian el tema del fraude electoral.

El PRI mismo estaba insatisfecho con la débil oposición panista. En 1972, antes de que el PAN no presentara candidato a la Presidencia, el entonces presidente del PRI, Jesús Reyes Heroles pronunció un revelador discurso sobre la situación política, tanto dentro de las filas de su partido, como en la oposición.

Por una parte criticó duramente a los caciquismos sobrevivientes, y de los cuales se formó el PRI, por los intentos de recurrir al fraude: relleno de ánforas, votos de laboratorio, "y al hacerlo cometen un crimen contra la democracia una evidente tontería. Cuando se ha podido, se ha evitado."[40] Dijo que sólo querían las elecciones que ganaran, pues ni necesitaban ni querían el fraude. También afirmó que si no había un cabal sistema democrático y se hablaba de: imposición, la realidad era que no había oposición: "no contamos con una oposición orgánica que nos permita acelerar el proceso democrático".

"Necesitamos una oposición capaz, apta para cumplir su responsabilidad ante la nación, firme en sus ideas y en sus hombres, no dispuesta a nutrirse con nuestros desechos ni ávida de porciones gratuitas, empeñada en conquistar, en la sana emulación, en el convencimiento del pueblo, la representación política, el arribo a las posiciones decisorias. Luchando nosotros limpiamente, por seguir siendo partido mayoritario, curando nuestras enfermedades —que las tenemos—, contribuimos a la evolución política del país.

"Reiteramos: no queremos luchar con el viento, con el aire; lo que resiste apoya. Requerimos una sana resistencia que nos apoye en el avance político de

---

40Cfr.http://www.memoriapoliticademexico.org/Textos/6Revolucion/1
972-DA-JRH.html.

México."[41]

No deja de ser un discurso cínico y presuntuoso, después de lo que se había hecho para ahogar esa oposición. Pero, al mismo tiempo, el resultado era que el PAN ya no resultaba funcional para el sistema y su afán de aparecer democrático ante el mundo. Poco a poco el partido se había vuelto un grupo de presión, un "Pepe grillo" que hacía de conciencia del sistema, pero no podía evitar que éste siguiera su lógica autoritaria y antidemocrática.

¿Oposición leal al Sistema?

La trayectoria inicial de Manuel Gómez Morín, al servicio del grupo revolucionario triunfante lo hizo sospechoso a ojos de muchos, lo mismo que algunas de sus actuaciones. Carquis Arriola recoge pronunciamientos contradictorios de quien fuera uno de los siete sabios y que, según él, corresponden al acomodo que estaba buscando para obtener poder en una condición en la que por ser hijo de extranjeros estaba impedido a ser Presidente de la República. Podría hablarse de evolución de su pensamiento y su posición política, pero su origen liberal no terminaban de convencer a muchos.

Uno de sus críticos fue José Vasconcelos, quien en una carta expresaba a Alfonso Taracena que aunque Gómez Morín se negó a dar la mano a Calles en su campaña, porque era un asesino, Alberto J. Pani lo convirtió al callismo.

"Durante mi campaña reunió cinco o seis mil pesos sin los cuales no hubiera podido hacer la convención, pero hoy (1933) lo denuncio como oportunista que está al servicio de todas las oportunidades".[42]

Duro juicio por parte de quien lo conoció de cerca, tuvo divergencias en métodos, pero aparentemente compartieron el ideal democratizador.

Otro de sus grandes críticos fue Salvador Abascal, quien

41 Ibídem.
42 Arriola, Carlos, Op. Cit., p. 24

como ya mencioné, se negó a fusionar el Sinarquismo con el PAN. Para este dirigente social parecía inadecuado que el partido se negara a vincularse con ninguna de las luchas libertarias del pasado en nuestra historia y que pretendiera aparecer "como un hongo", sin genealogía. Además, consideraba que el partido recibía del gobierno revolucionario todas las garantías que otorgaba a una "oposición de paja, para que le sigan el juego."[43] Su juicio es lapidario:

> "*Acción Nacional* no ha servido sino para fortalecer a la Dictadura Revolucionaria, pues gracias a ese Partido de Oposición que a nada importante se opone, pasa ella por ser una auténtica democracia.
>
> "No dejaba de ser un estorbo Acción Nacional para nuestro desarrollo en las tres más grandes ciudades de la Nación: México, Guadalajara y Monterrey".[44]

Jesús Guiza y Acevedo, representativo de la línea dura de los católicos, también criticó duramente al PAN y a su fundador Gómez Morín, pese a que tuvieron cercanía e, incluso, éste apoyó a aquél en algún momento. Se afirma que había resentimientos personales que llevaban a esta postura. Como quiera, Guiza publicó el libro *Acción Nacional es un equívoco*, que es un catálogo de diatribas contra el PAN.

Guiza afirma que la oposición del PAN es de mentiras, ineficaz necesariamente por apegarse a la legalidad; es diversión, entretenimiento, incitación. Se expresa irónicamente de los señores "decentes" que lo integran y que "engreídos por la designación de diputados de partido, quieren contar con una tajada, a título de partido de oposición, en los presupuestos de las legislaturas locales y de los ayuntamientos."[45]

El tono y la agresión de esta obra se resumen en lo siguiente:

> "Acción Nacional es un equívoco y, queriendo sus

---

43 Abascal, Salvador, *Mis Recuerdos*, Editorial Tradición, México, 1980, p. 380.

44 Op. cit. p. 383.

45 Guiza y Acevedo, Jesús, Acción Nacional es un Equívoco, Editorial Polis, México, 1966, p. 86.

miembros o no queriendo, engañan. La buena fe de muchos no impide el engaño y aun por esa buena fe es ese engaño más reprobable y nefando. Y hay que darle fin y remate a ese equívoco. Partido sucio, malsano, pútrido, mal oliente, asqueroso, repugnante, lienzo de menstruación, de menstruación del PRI. No es otra cosa"[46]. Y sigue más que resulta ocioso citar.

La carencia de una oposición fuerte en el país y la actitud de los priistas de no ceder, parecía cerrar la puerta de la democracia a los mexicanos.

---

46 Ibíd. p. 92

CAPÍTULO III
UN EMPRESARIADO DIFERENTE

Luis Echeverría había iniciado su gobierno con un giro político que aparentemente trataba de borrar la imagen de autoritarismo y las heridas derivadas del Movimiento Estudiantil de 1968. El Movimiento tuvo su origen en una confrontación entre planteles educativos, reprimido como siempre por los granaderos, pero derivó en un reclamo juvenil al gobierno. El suceso quizá no hubiera tenido mayor trascendencia si no hubiera sido manipulado por el Partido Comunista, según versión de Arturo Martínez Nateras.[47] Sin embargo, fue apoyado por importantes núcleos de la sociedad, no tanto por las "razones estudiantiles", sino por representar un desafío al sistema autoritario del cual la sociedad empezaba a dar signos de cansancio. No es aquí lugar y momento para analizar ese suceso, pero conviene señalar que se produjo en el contexto y momento en que se preparaba la sucesión presidencial.

Después de años de roces, indiferencia y distancia entre sociedad y gobierno, en los que aquélla lo toleraba o aguantaba todo, o casi todo, a condición de que no la afectara directamente, la rebelión

---

[47] Cfr. Martínez Nateras, Francisco, El 68 Conspiración Comunista, UNAM, Coordinación General de Publicaciones, 2011.

estudiantil surgió con la valentía de la juventud idealista que ni tiene intereses ni mide el riesgo. Por ello, el "movimiento" que desafió al Presidente, hasta entonces intocable, terminó en medio de un charco de sangre. Los únicos beneficiarios fueron unos cuantos líderes o maestros, que sospechosamente fueron premiados con cargos públicos en lo que aparentaba ser una "apertura" política del nuevo gobierno. Pero la realidad fue muy diferente.

Echeverría creyó que aturdiendo a la sociedad y repartiendo dinero a manos llenas, con un populismo ya olvidado, podría adormecer a la sociedad. Pero no fue así. Apenas iniciado el sexenio, el 10 de junio de 1971, el Presidente mostró su verdadero rostro autoritario y represivo, al echar mano de los "halcones" –fuerza paramilitar del Gobierno del Distrito Federal-- para reprimir sangrientamente la primera marcha estudiantil que se producía en su gobierno. ¿Cuál fue el verdadero propósito de esa acción? No está claro. Sin embargo, fue la primera de numerosas maniobras que le permitieron deshacerse de rivales políticos para colocar en los puestos públicos clave a miembros incondicionales de su grupo. Alfonso Martínez Domínguez, entonces regente de la Ciudad de México e identificado con el diazordacismo, después de intentar responsabilizar a grupos estudiantiles de la trifulca, como si se tratara de conflictos entre rivales, tuvo que renunciar a su cargo y pasar al ostracismo por varios años.

Luis Echeverría, burócrata que nunca había ocupado cargos de elección popular, a diferencia de sus más recientes antecesores, se deshizo poco a poco, en movimientos denominados "enroques", de políticos de viejo cuño, sin ideología y pragmáticos, para sustituirlos por una nueva generación formada en el pensamiento de izquierda y apoyados por algunos viejos políticos provenientes de las corrientes social demócrata y nacional revolucionaria.

Para que todo siga igual

El discurso renovador de Luis Echeverría despertó esperanzas de cambio, incluso entre algunos empresarios. El modelo del desarrollo estabilizador inició su agotamiento a finales de la década de los sesentas y se requería un giro en el rumbo del país, a fin de poder atender la creciente demanda de empleos y mantener el crecimiento económico al mismo ritmo que llevaba.

A nivel internacional, la década de los años setenta se caracterizó por el predominio del pensamiento de la Internacional Social Demócrata y la victoria, principalmente en Europa, de los partidos de dicha corriente. Esto incrementó su popularidad en América Latina. El mismo Partido Demócrata de los Estados Unidos se dejó arrastrar por esa ola. En México el pensamiento socialista tenía antecedentes históricos, pero Jesús Reyes Heroles lo recogió y renovó como ideólogo de su partido y lo presentó en diversas obras como El Liberalismo Mexicano, editado por el Fondo de Cultura Económica y, particularmente, en sus ensayos publicados en la obra México: Historia y Política[48], obra ésta que fue prologada por Tierno Galván. El llamado ideólogo del PRI interpreta que los liberales mexicanos "en aras del liberalismo político, prescindieran del liberalismo económico, cuando la cuestión social y los intereses del país o las realidades nacionales así lo exigieron"[49], de esta manera surgió lo que él denominaba el liberalismo social, que estaba en lucha por implantarse en México en un proceso dialéctico que él denominaba "sociedad fluctuante".

Podríamos sintetizar su pensamiento en la conclusión de una de sus conferencias:

> "Después de este breve análisis de los revisionismos liberal y socialista estamos ya en posición de señalar el mutuo acercamiento que estos revisionismos implican. El socialismo se acerca a la libertad, y esto supone necesariamente la admisión, en escala variable, de las técnicas jurídicas y políticas de la libertad, o sea, de los principios del Estado demoliberal. Por otra parte, el liberalismo se acerca a la justicia social y admite el estatismo necesario para lograrla. Este mutuo acercamiento y las diferenciaciones y distinciones en que se funda, plantean amplias posibilidades para la etapa presente de nuestro mundo. Para el Estado contemporáneo, la disyuntiva es bien clara o dirige y controla las fuerzas económicas o las fuerzas económicas lo dirigen y controlan a él. Es evidente por qué término de esta disyuntiva se ha optado: el Estado se ha abocado a dirigir y controlar la economía."

> "Mediante estas tareas de revisión y de investigación

---

[48] Reyes Heroles, Jesús, México: Historia y Política, Editorial Tecnos, 1978, 320 pp.

[49] Ibíd. p. 29.

concreta se depuran los términos de la alternativa colectivismo e individualismo que en nuestro tiempo se presenta, y se contribuye seguramente a lograr una mejor transición, cualquiera que sea el desenlace final de los acontecimientos. Se precipita así, en cierta forma, la síntesis que la historia realizará." [50]

Aunque Reyes Heroles rechazaba el liberalismo económico y decía estar a favor de la democracia liberal, en la práctica, de la Social Democracia se tomó la visión socialista de la economía, pero no lo democrático. Por el contrario, al autoritarismo propio del Sistema Político Mexicanos se le incorporó un fuerte intervencionismo económico que hizo de la crítica al empresariado, el apoyo populista a los sindicatos y organizaciones campesinas, así como el gasto excesivo y desordenado, su principal instrumento.

De 1970 a 1976 se realizaron numerosas reformas a la Constitución y a la legislación secundaria, con proyectos inspirados en el "welfare state" de los países socialdemócratas. Se pretendía crear un estado de bienestar para las clases pobres del país. En esos años se creó el INFONAVIT, el FONACOT, se modificaron las leyes Federal del Trabajo y Federal de Educación, se emitieron la nueva Ley Federal de la Reforma Agraria y la Ley Federal de Protección al Consumidor, y se cambió la política hacendaria. De la racionalidad económica de un sistema proteccionista, se pasó a un modelo populista y despilfarrador que fustigó de manera permanente al sector empresarial del país y mantuvo una economía cerrada cada vez más ineficiente, dizque en beneficio de los industriales, o al menos de algunos "empresarios nacionalistas" que quedaban como deudores de la autoridad.

Ante esta oleada de cambios, los empresarios pronto se percataron del peligro que les amenazaba y consideraron que sus organizaciones empresariales tradicionales, sus sindicatos empresariales, las cámaras y sus confederaciones de industria y comercio, dispersos y a veces hasta encontrados, no podrían contrarrestar esta nueva ideologización de izquierda. Para unificar criterios y acción, incluso sin las limitaciones que pudieran establecer otras leyes distintas a las civiles, se creó el Consejo Coordinador Empresarial, integrado por la CONCANACO, la CONCAMIN, la COPARMEX, la Asociación de Banqueros de México, la Asociación

---

[50] Ibídem. pp. 298-299.

Mexicana de Instituciones de Seguros y el Consejo Mexicano de Hombres de Negocios.

Esta asociación civil logró conjuntar a instituciones de diversa naturaleza, que eran regidas por distintos ordenamientos legales que de una u otra manera   limitaban su acción. En cambio, el CCE, como asociación civil, podía actuar sin una camisa de fuerza, de acuerdo a los estatutos que se dio libremente. Previamente a este suceso, la COPARMEX, sindicato patronal que una larga trayectoria en el ámbito del pensamiento empresarial, había tenido roces con el Presidente con motivo de una de las tradicionales salutaciones que los empresarios hacían al Primer Mandatario.

Las organizaciones empresariales integradas en el CCE abarcaban prácticamente todo el ámbito de la vida productiva, con excepción del campo. La COPARMEX había asumido la tarea de organizar e integrar al sector privado del campo, ya que los pequeños propietarios en su mayoría habían sido encuadrados dentro de la Confederación Nacional de la Pequeña Propiedad o la Confederación Nacional Ganadera, integrantes del PRI. Posteriormente surgiría de la COPARMEX el Consejo Nacional Agropecuario y ocuparía un lugar dentro de la Cúpula de cúpulas, como se le llamó al CCE.

En el ámbito laboral se produjo una creciente confrontación entre sindicatos y patrones, particularmente por las presiones de los primeros, quienes con el apoyo del Gobierno demandaban incrementos a los salarios, a fin de compensar el aumento de los precios resultantes de la política inflacionaria del Gobierno, que imprimía o acuñaba moneda sin control A su vez, en el campo se incrementaron las presiones de ejidatarios o campesinos con derechos a salvo, para terminar con el latifundismo o que se les entregaran de manera efectiva dotaciones de tierra del pasado pero que no habían sido ejecutadas. Alfredo V. Bonfil y Augusto Gómez Villanueva, dirigentes cenecistas, serían los instrumentadores de esta política que llevó inseguridad al campo, provocaría numerosas invasiones de tierras y la expropiación de pequeñas propiedades en Sinaloa, Sonora y Baja California a finales del sexenio.

Fue el sexenio de Luis Echeverría, con Reyes Heroles como ideólogo de trasfondo, el que provocó un cambio que se vendría realizando poco a poco. "A partir de los años setenta, cuando sintieron amenazados sus intereses ante el intervencionismo estatal, (los empresarios) transgredieron la norma de no participar en política y salieron de sus empresas al encuentro de la política", afirma Carlos Alba Vega.[51] Esto es fácil afirmarlo, pero requiere explicación.

Unificación de criterios y de pensamiento

Una de las principales tareas que asumió el Consejo Coordinador Empresarial, fue la de unificar los criterios, pensamiento y acciones del empresariado, sobre todo de aquellos que por su improvisación y crecimiento al amparo del proteccionismo, o de su incorporación al sector empresarial como fruto de concesiones o favores políticos, se encuadraban y disciplinaban al PRI de manera incondicional.

Lograr que por encima de intereses particulares o sectoriales hubiera coherencia de los empresarios entre sí no era fácil. El gobierno promovía de todos los modos posibles la división, favoreciendo a unos en un momento, atacando a otros y hasta con criterios de lucha de clases entre pequeños y grandes empresarios. La CANACINTRA y las Cámaras de Comercio en Pequeño, en su mayoría, siempre se caracterizaron por su fidelidad al PRI. Es importante señalar, cosa que muchos ignoran, que el gran ideólogo priista, Jesús Reyes Heroles, trabajó para CANACINTRA.[52]

Había otro tipo de organizaciones empresariales, entre las que destaca la Unión Social de Empresarios Mexicanos (USEM), pero de bajo perfil, orientada a la reforma de la empresa a partir del pensamiento social cristiano derivado de la Doctrina Social de la Iglesia Católica. Cabe señalar que de 1979 a 1981 fue director de ese organismo Carlos Castillo Peraza, quien fuera destacado militante y presidente del PAN.

El CCE, adoptando la estrategia de los "centros de pensamiento" que, a su vez, empresarios de otros países generaron para enfrentar la oleada socialdemócrata y socialista, integró a su estructura el Centro de Estudios Económicos del Sector Privado (CEESP), que tendría ya no sólo la tarea de analizar el entorno macroeconómico, sino también educar y capacitar a empresarios y líderes de los organismos, así como a los periodistas y otros sectores, a fin de que

---

[51] Alba Vega, Carlos, en Las relaciones entre los empresarios y el Estado. Ilán Bizberg y Lorenzo Meyer (Coordinadores). Una Historia Contemporánea de México. Tomo II. Ed. Océano. México, 2005, p. 181.
[52] Beltrán Mata, José Antonio, El empresario mexicano en la política, Editorial PAX México, Librería Carlos Césarman, México, 1987, p. 71.

los actores o analistas económicos entendieran lo que ocurría en esa materia y no fueran desorientados por los líderes políticos y los voceros gubernamentales.

Asimismo, a fin de dar formación en los aspectos de la filosofía empresarial, se constituyó Pensamiento Empresarial Mexicano (PEMAC), como parte del CCE, que luego se transformaría en el Centro de Estudios Sociales (CES), no sólo preocupado del pensamiento empresarial, sino también del análisis del entorno político y social en el que se desenvolvían las empresas, a fin poder prever y actuar oportunamente para enfrentar movimientos políticos y sociales en detrimento de la vida productiva del país.

Destacan en estos organismos las acciones profesionales de Francisco Calderón en la dirección del Consejo Coordinador Empresarial; Edmundo Meouchi y Guillermo Velasco en la COPARMEX; Alonso Ibáñez y Manuel Ramírez en el CEESP; Federico Müggenburg en el CES. Quien esto escribe también participó en esta labor en la CONCANACO.

Poco a poco se fueron dando afinidades y coincidencias en los diagnósticos y formas de visualizar la problemática nacional. Eso permitió que, al menos en algunos encuentros, se hicieran oportunas advertencias acerca del rumbo que tomaba el país. Los intercambios de puntos de vista entre las distintas cúpulas ayudaban a comparar información, percepciones y criterios. Un foro frecuente para este fin fueron los análisis de los informes presidenciales.

El sexenio de Luis Echeverría concluyó con una crisis económica y una fuerte devaluación; una crisis política, pues el candidato José López Portillo fue el único que participó en las elecciones, y social, con crecientes fricciones entre empresarios y trabajadores, entre ejidatarios y pequeños propietarios, y con una creciente pérdida del poder adquisitivo de la población.

Para atemperar las tensiones y en un aparente contraste con Luis Echeverría, de quien era amigo desde la juventud, José López Portillo propuso terminar con las confrontaciones sectoriales y esgrimió como lema "la solución somos todos". Deseosos de paz social, la mayoría de los mexicanos aceptaron la propuesta –no había otra--. "Para tranquilizar a los empresarios propuso una Alianza para la Producción".

Consciente de la crisis y la "morbosa coyuntura" que vivía el país, José López Portillo confiesa que preparó con gran esmero su discurso de toma de posesión, a fin de atemperar los ánimos, lograr la reconciliación, sin imputar responsabilidades al régimen saliente, y generar esperanzas.[53]

Desde mi punto de vista el discurso presidencial logró su objetivo. José López Portillo hizo gala de su capacidad literaria y oratoria en un mensaje en el que la mayoría de los mexicanos entendió lo que quería y generó respiros de alivio. Para muchos la pesadilla echeverrista había terminado.

Una nueva visión política

Hasta Luis Echeverría los empresarios habían eludido, en general, participar en política. Las organizaciones empresariales habían actuado como grupos de presión en la defensa de los intereses de sus gremios o sus representados. La idea predominante era la de la negociación en una función que ha sido calificada como corporativizada por algunos[54]. No faltaron, sin embargo, empresarios que fueron invitados por el Gobierno a asumir cargos públicos, ni políticos que se convirtieron en empresarios. Sin embargo, nunca existió un "sector empresarial" dentro del PRI.

Sin embargo, el daño estaba hecho. La ruptura entre el Gobierno-PRI y los empresarios encontró las primeras fisuras y la desconfianza empezó a aumentar. El incremento de los secuestros, la muerte de Eugenio Garza Sada y Fernando Aranguren y el golpe de mano a la Cadena García Valseca, no desaparecían de la memoria.

En ese contexto asumió la presidencia del Consejo Coordinador Empresarial Jorge Sánchez Mejorada, expresidente de la CONCAMIN, quien expuso la idea de que en tanto el sector no podía apoyar a ningún partido, en lo individual los empresarios "sí debían involucrarse en una decidida acción cívica y aun política en pro de la democracia". Muchas de sus intervenciones como dirigente giraban en torno a esos temas. Hacerlo era necesario para la defensa de la libertad, la dignidad humana y la democracia. [55]

Pero el romance entre el Presidente y los empresarios no duró

---

[53] Cfr. López Portillo, José, Mis Tiempos, Fernández Editores, S. A., 1988, tomo I. pp. 459 a 466.

[54] Íbid.p. 67.

[55] Cfr. Calderón, Francisco R, Libertad, responsabilidad y democracia. A 25 años de la fundación del CCE, Consejo Coordinador Empresarial, México, 2001, pp. 39-40.

mucho tiempo. Engolosinado por la riqueza petrolera volvió al incremento del gasto público generador de inflación y anunció: "Los mexicanos que han padecido penurias ancestrales, deben ahora prepararse a administrar la abundancia". Y amenazó a los empresarios con tomar medidas si no lo apoyaban en su política.[56]

Nuevamente se enrareció el clima social y reaparecieron las tensiones entre empresarios y obreros. La CTM demandó en octubre de 1978 la estatización radical de la economía. Para entonces habían llegado al organismo obrero intelectuales partidarios del Nacionalismo Revolucionario, representado por Enrique Ramírez y Ramírez, proveniente de la filas del lombardismo, Arturo Romo, entre otros.

Para agravar las cosas, la aprobación del Plan Global de Desarrollo en 1980-1982, con sus respectivos planes sectoriales, encendió la alarma por su sustrato totalitario de corte hegeliano, que no pasó desapercibido en algunas de las cúpulas empresariales.

De particular interés resulta el discurso pronunciado por el presidente de la CONCANACO, Jorge Chapa Salazar, ante los Ejecutivos de Ventas de Monterrey el 17 de julio de 1980. Entresacaré de él algunos párrafos:

"Tanto el Plan Global como los planes sectoriales que lo integran, sostienen en el fondo la idea que el Estado tiene de sí mismo, como el único capaz de concebir qué es lo que México debe ser, cómo debemos ser los mexicanos y los medios para alcanzar este modelo ideal. Para ello abarca acciones políticas, económicas, fiscales, empresariales, demográficas, educativas y sociales en general."

"Por desgracia, la unión de las ideas en el Pacto Social y la teoría implícita en la concepción del Plan, nos hacen llegar a la conclusión de que ahí campea un hálito estatizante, ante el cual hay que estar alertas."

"Ahora el Estado es actor de la economía y se convierte en empresario ante la circunstancia de la disponibilidad de recursos provenientes de la explotación de los recursos petroleros, en medio de una crisis mundial de energéticos, que en el ámbito internacional está dando origen a un fenómeno de inflación con recesión. Y aunque el Estado desea la acción del sector privado, ésta queda sujeta a los dictados superiores

---

[56] Íbid. p. 42.

del Estado, encarnación jurídica y política de la sociedad. Resulta entonces que el Estado es regulador de las libertades, aunque por ahora nos ofrece mantener su esencia".[57]

Se abría, así, un "frente de batalla" a las concepciones políticas del Plan Global y el Plan Sectorial de Comercio, pues ambos "demandan de nosotros una presencia activa, y no un repliegue temeroso".[58]

Pero la alerta no sólo era en defensa de los intereses económicos, como opina Carlos Alba. El dirigente empresarial invitaba a ver más allá de los propios intereses, a tener una visión global del problema, pues

> "también hay otras batallas en otros frentes a los que no somos ajenos como hombres, como padres, como maestros y como ciudadanos. Hay una batalla educativa, hay una batalla cívica y otra política. No podemos olvidarnos de los demás frentes, porque de lo que se trata, en última instancia, es de ganar la guerra por la libertad, por el desarrollo de un sistema económico, político, social y cultural en el que puedan desarrollarse todas las libertades, para que en él y en respeto a los derechos de la persona, cada hombre pueda realizarse en un ámbito social concreto, que es México.
>
> "El Estado ha expresado una filosofía política y diseñado una estrategia para su realización; nosotros no podemos concretarnos sólo a rechazar las estrategias, sin contraponer, a la vez, una filosofía basada en la libertad, respetuosa del Estado como coordinador de todos los mexicanos, como alentador de la actividad económica, pero no como dueño de las libertades, hay que afirmar, demostrar y ejercer esos derechos que son anteriores y superiores a la sociedad, y combatir a quienes consideran que los derechos subjetivos son concesión gratuita del gobernante, porque se trata de valores humanos inherentes a nuestra naturaleza y por los que vale la pena vivir y morir." [59]

El tono del discurso cambiaba y el escenario de la confrontación se ampliaba.

---

[57] Chapa Salazar, Jorge, La Palabra y la Acción, Discursos, Confederación de Cámaras Nacionales de Comercio, México, 1982, pp. 36-37.
[58] Íbid. p. 39.
[59] Ibid. p. 40.

El 4 de septiembre de 1981, Jorge Chapa Salazar, presidente de la CONCANACO, fue invitado por la COPARMEX a la sesión de análisis del V Informe de Gobierno. Era la segunda vez que acudía a ese foro. Apenas al inicio de su intervención recalcó que el Plan Global de Desarrollo, instaurado por José López Portillo, "ha señalado metas de creciente intervención del Estado en el área económica, planteándose, incluso, una tasa de crecimiento superior a la del sector privado. En el Informe Presidencial, como en los anteriores, podemos observar que el señalamiento del Plan Global no ha sido un mero propósito, sino un hecho concreto y cuantificable."

Explicó el dirigente de los comerciantes que se permitiría "hacer unas referencias significativas que nos permiten apreciar que, si bien el tono o estilo del Presidente José López Portillo es de moderación, no por eso podemos pensar que la participación del sector empresarial dentro de la economía en México está a salvo. Por el contrario, el estilo de esta administración ha sido, más bien, de poca retórica y agresión verbal, pero mucha acción en la inversión paraestatal." Era una forma elegante de decir lo que ya se comentaba entre los empresarios:

"Echeverría era un violador; López Portillo es un seductor".

Para el crecimiento del PIB de 9.2 en 1979 y de 8.3 en 1980, explicó Chapa, se había requerido un incremento sustancial de los egresos gubernamentales, que en el 80 fue 55% superior a la del año anterior, rebasando en 14.1% la cifra presupuestada. Los recursos destinados a inversión en 1981 fueron 40% más elevados que en el ejercicio previo. A ese paso, advertía, pronto más del 50% del PIB sería generado por el sector paraestatal o el sector social de la economía, donde el propio Estado actuaba como socio.

En ese proceso de estatización de la economía, el sector comercial recibía trato preferencial para la invasión del sector público, donde una estrategia de reorientación y reestructuración era necesaria para atender "el problema" del comercio, mediante una mayor participación del Estado en la actividad a través de la CONASUPO, las tiendas de las Secretarías de Estado, del Departamento del D.F., del ISSSTE y los sindicatos, que sólo podían operar con base a subsidios cuantiosos y pérdidas inocultables.

En la visión gubernamental del proceso económico, sólo existían productores y consumidores. El comercio como función del proceso era invisible o ejercía una función de intermediarismo innecesario, según las autoridades. Para el Presidente la problemática consistía en la necesidad de incrementar los precios para alentar la producción y el menor precio de venta para evitar la presión política del consumidor. La conciliación consistía, según él, en los subsidios. Bajo la lógica de comprar caro para vender barato, aquél año se destinaron a subsidios 38 mil millones de pesos en productos agrícolas básicos. Además, era necesario imponer camisas de fuerza a la economía mediante el mecanismo de los precios controlados.

El orador citó textualmente palabras presidenciales en el Informe: "sólo el Estado puede tomar, de la riqueza pública y para repartir mejor el ingreso, recursos para estimular la producción y para bajar precios de consumo".

Jorge Chapa advirtió que la problemática comercial no lo era sólo de los comerciantes, sino estaba vinculado a la posibilidad de mantener una economía en libertad e hizo un llamado a evitar la división que entre el sector empresarial estimulaba el gobierno, "cuando una de las partes que lo componen, viendo su propio interés o beneficio inmediato, ha aceptado la adopción de medidas de fondo, que perjudican a otros miembros del sector privado y, a la larga, a ellos mismos".

> "Se engaña –concluía- quien cree beneficiarse a costa de contribuir al proceso de deformación del mercado. La ganancia inmediata de hoy puede ser la pérdida definitiva de mañana. Y esta pérdida sería, en última instancia, más que económica, la pérdida de nuestra libertad." [60]

Los pasos de la estatización se manifestaban aquí y allá. En 1981 las autoridades se apoderaron del transporte urbano. Luego vendrían los barcos pesqueros el año siguiente. El proceso estaba en marcha, y prácticamente nadie se le oponía.

Las señales de peligro estaban presentes. La voz de alarma había sido dada con un año de anticipación. Pero quienes disfrutaban de los subsidios a todos los niveles, hicieron oídos sordos.

Francisco R. Calderón, entonces director general del Consejo Coordinador Empresarial, reseña:

> "En el último trimestre de 1981 arrecia la campaña antiempresarial; se presenta un alud de proyectos de estatización, entre otros la de la banca, no sólo por los

---

[60] Chapa, Jorge A., Op. Cit. p. 138 y sig.

partidos marxistas sino por la CTM, que exigía también la semana de 40 horas; el Congreso aprobó el 'derecho a la vivienda' (a saber lo que esto signifique); sólo se aceptó la deducibilidad de los donativos a las escuelas particulares cuando se destinaran a construcción y mantenimiento de los edificios; se ampliaron las facultades del gobierno en materia económica y la Secretaría de Educación Pública empezó a estrangular a las escuelas normales particulares alegando que sobraban maestros. Cuando se expuso esto al Presidente, él respondió que eran presiones de la campaña política y que sería 'absurda la nacionalización de la banca'"[61].

Más allá de la economía

Por razón natural de su quehacer, a los empresarios siempre les llama la atención lo económico, principalmente si se trata de los ámbitos de su actividad que puedan afectar su operación. Así había sido siempre, pero hubo quienes se percataron de que las cosas no podían seguir igual.

Por un lado, desde la publicación de la encíclica Rerum novarum, del Papa León XIII, los temas sociales incidieron en la temática económica y según se ha demostrado, dicho pensamiento no sólo incidió en los católicos, sino que influyó en la redacción de la Constitución de 1917, particularmente en materia laboral [62]. Esto no significa que dichas ideas fueran aceptadas por todos los católicos, sino generalmente por un pequeño grupo que, incluso, las promovieron antes de la Revolución y fueron expresadas en las llamadas "dietas". Algunos revolucionarios que pasaron por los seminarios antes de tomar las armas tuvieron oportunidad de conocerlas e influyeron para su inclusión en la Constitución, aunque ya se habían apartado del pensamiento cristiano en otras materias.

Fue la Unión Social de Empresarios Mexicanos fundada en 1955, la que como grupo organizado recogió el pensamiento social cristiano con la idea inicial de reformar la empresa para aplicar hacia adentro dichos principios. Para ello ha recurrido a diferentes

---

[61] Op. Cit. p. 58.

[62] Adame Goddard, Jorge, El Pensamiento Político y Social de los Católicos Mexicanos 1867-1911, UNAM, Instituto de Investigaciones Jurídicas, México, 1981, p. 247-262.

métodos y actividades que a través de cursos o conferencias que se imparten lo mismo a empresarios, directivos y trabajadores van diseminando este propósito.

Entre los empresarios que se destacaron por impulsar este movimiento destacan Lorenzo Servitje, Roberto Servitje y José María Basagoiti, entre otros. Por otra parte, la USEM cobijó algunos intelectuales católicos que, a su vez, tuvieron destacada participación política como Efraín González Morfín y Carlos Castillo Peraza, ambos ex dirigentes del Partido Acción Nacional. Sin embargo, hay que aclararlo, esta agrupación empresarial no promueve partidarismo alguno, sino sólo el pensamiento social cristiano y a sus cursos asisten personas de distintas tendencias políticas.

En el contexto político ya señalado, la USEM no dejó de percibir el peligro que para la empresa y para su pensamiento representaban las ideas de los nuevos políticos, por lo que redobló sus esfuerzos y amplió el contenido de los temas que abordaba. Fue así como surgió el Curso de Formación Social para Dirigentes de Empresa (CUFOSO) en 1980, con un amplio contenido que abordaba temas como la democracia, la justicia, etc.

Entre los ponentes se encontraban el propio González Morfín y el ministro de la Suprema Corte de Justicia Mariano Azuela.

Esto no significa que la USEM o sus directivos asumieran posiciones públicas en torno a los temas debatidos en el momento. Esta institución tenía perfil bajo y estaba dirigida principalmente hacia sus integrantes, aunque de vez en cuando realizaba foros en los que la convocatoria se ampliaba y se incluía a dirigentes de las Cámaras y de COPARMEX. También hay que destacar que entre los dirigentes de esta última hubo miembros que lo eran a la vez de la USEM, como José María Basagoiti.

En la misma línea del pensamiento social cristiano se fundó una institución orientada específicamente para la difusión y formación de dirigentes católicos, ya que a pesar de ser doctrina de la Iglesia, como se ha dicho, era "el secreto mejor guardado". Fue así como con el apoyo de Lorenzo Servitje se fundó el Instituto Mexicano de Doctrina Social Cristiana (IMDOSOC).

También con apoyo de Lorenzo Servitje se fundó una agrupación orientada a la implantación de principios social cristianos en el campo para mejorar su organización y productividad, la Fundación Mexicana para el Desarrollo Rural A. C.

Como he señalado, una de las tareas del Consejo Coordinador

Empresarial fue empezar a analizar y explicar los temas económicos, a fin de confrontar la realidad económica con el discurso oficial. Guiados por Francisco Calderón, sus directores Alonso Ibáñez y Manuel Ramírez realizaron una tarea de educación macroeconómica entre los mismos empresarios, periodistas, trabajadores, sacerdotes y otros grupos sociales[63]. Dicha labor fue complementada por Luis Pazos, que de manera exitosa y sencilla explicó el fenómeno de la devaluación, por Edgar Mazon, Josefina Vázquez Mota, Benito Solís y Arturo Damm, mediante conferencias en foros empresariales y sociales o su participación en programas de radio. Traducían para los no iniciados los problemas económicos de las llamadas crisis recurrentes.

Las devaluaciones y las crisis de la Bolsa de Valores abrieron un espacio nuevo y de gran importancia en la prensa mexicana, cuyas secciones financieras adquirieron un auge que antes no tenían y contribuyeron a la generación de una conciencia nueva sobre el tema en una parte de la sociedad mexicana.

Agustín Legorreta, entonces cabeza del Banco Nacional de México, compartía las inquietudes empresariales y desde el Centro Cultural BANAMEX, dirigido por Fernando Cuen, organizó unos foros denominados Atalaya, en el que participaron pensadores de talla internacional. Así mismo editó algunas obras filosóficas de pensadores europeos que, sin duda, fueron leídas por muy pocos.

Una estrategia clave

Pero fue el propio Consejo Coordinador Empresarial el que inició un giro que sería de gran trascendencia, al constituir el Centro de Estudios Sociales y encargar su dirección al arquitecto Federico Müggenburg. Entre sus responsabilidades estaba la realización de análisis políticos a partir de lo publicado en la prensa, el análisis político de los principales discursos o planteamientos gubernamentales, basado en las técnicas que le enseñara Ramón Plata Moreno, según explica. También era su responsabilidad el análisis de los mensajes implícitos en el informe presidencial, la publicación de reseñas de libros, y de documentos de pensamiento político, económico y social de moda en el mundo y que incidían en el discurso político de nuestras autoridades. Participaba en el CES

---

[63] Cfr. Calderón, Francisco. R., Op. Cit. p. 34.

Luis Felipe Bravo Mena, quien llegaría a ser presidente del PAN.

Pero una estrategia que habría de ser de gran trascendencia durante la presidencia de Prudencio López en el CCE, fue la creación de los cursos de liderazgo empresarial, que según me explicó durante una entrevista el propio Federico Müggenburg, surgió de la petición que le hiciera Agustín Legorreta para generar algo que ayudara a que los empresarios, principalmente los 300 más importantes del país, cambiaran de mentalidad. El curso buscaba que asumieran que no tenían que depender del gobierno, sino tomar sus decisiones de manera autónoma.

Este curso se convirtió en una forma original de interpretar el sistema político mexicano, más allá de las versiones entonces en boga de que éste se regía por las leyes del péndulo, con gobiernos alternados de izquierda y derecha. Fue un ejercicio de ciencia política para establecer cómo las distintas fuerzas sociales incidían en las decisiones del Presidente, "centro" del sistema, de forma tal que atendiendo las demandas de las distintas fuerzas sociales, se mantuviera un equilibrio que garantizara la estabilidad social. Se explicaba de esta manera cómo, por ejemplo, la sucesión del Presidente Lázaro Cárdenas fue a favor de Manuel Ávila Camacho, considerando la situación internacional y las oposiciones empresariales y campesinas (a través de la Unión Nacional Sinarquista), a las políticas socializantes del mandatario; también las orientaciones a la izquierda de Adolfo López Mateos como consecuencia de los movimientos magisteriales y de los ferrocarrileros. Ya que no había democracia, el sistema, para asegurar su permanencia en el poder, se movía por un juego de pesos y contrapesos, donde el eje central era el Presidente en turno. El CES impartió estos cursos en León, Mérida, México, Guadalajara, Juárez, Obregón, Querétaro, Durango y Puebla.[64] Los participantes pagaban el costo del curso.

Sin embargo, no faltaron voces inconformes con la "politización" del CES, pues inevitablemente era una crítica al sistema encabezado por el PRI. Los empresarios nacionalistas o con fuertes intereses vinculados con la autoridad, presionaron para que el CES no los continuara. Fue así como este curso se trasladó a la COPARMEX, la cual empezó a impartirlos en los Centros Patronales de todo el país, generando un impacto de gran

---

[64] Calderón, Francisco R., p. 53.

envergadura, pues los empresarios empezaron a ver el sistema de un modo diferente y a preocuparse por incrementar sus participación en ámbitos sociales y políticos, además del económico.

El curso iniciaba con una explicación general de la forma como se configuraba el sistema: al centro, el Presidente de la República rodeado por el Gabinete presidencial. En un segundo círculo las fuerzas políticas: el Congreso Federal, los Gobernadores, los congresos estatales, las presidencias municipales. Los partidos políticos, con el PRI como el más importante, conformado por sus tres sectores: el obrero (CTM y Congreso del Trabajo), el campesino (CNC y otras organizaciones menores) y el popular (la CNOP con una mezcla multiforme de organizaciones donde cabía todo lo que no estaba en los otros dos). Fuera de estos círculos que formaban lo que la retórica del momento llamaba la "sociedad política", se encontraban otras fuerzas sociales reales y organizadas que incidían hacia el centro con sus demandas: los empresarios, los obreros (tanto los del sistema como los disidentes), el ejército y la Iglesia (entendida no sólo como la jerarquía, sino como las agrupaciones de corte católico).

Con menos peso, pero influyendo también sobre el centro, se ubicaba a los medios de comunicación social, las universidades, las presiones internacionales, la izquierda (no partidista) y la derecha (no partidista).

Posteriormente se desarrollaban conferencias de varias horas, en las cuales se ahondaba en la forma histórica y presente como actuaban las diferentes fuerzas y los resultados que habían obtenido. Participaban especialistas en las diferentes áreas. Entre ellos se encontraban el propio Federico Müggenburg, Manuel Clouthier, José María Basagoiti, José Luis Coindreau (futuro Secretario General de Gobierno de Nuevo León), Alonso Ibáñez, Francisco Calderón, Manuel Ramírez, Carlos Lugo, Bernardo Rodríguez, Felipe González y González, Luis Felipe Bravo Mena (también futuro Senador por el PAN), Alejandro Gutiérrez, miembros del Colegio de la Defensa Nacional y quien esto escribe.

Entre quienes participaron en estos cursos estuvieron: Manuel J. Clouthier del Rincón (futuro candidato a la Presidencia por el PAN), José Luis Coindreau, Jorge Chapa Salazar, José Chapa Salazar, Ernesto Ruffo Appel (futuro gobernador de Baja California), Eugenio Elorduy Walter (futuro gobernador de Baja California), Gastón Luken Aguilar, Gastón Luken Garza, Gerardo Pellico

Agüero, Eduardo García Suárez, José Porrero, Nicolás Madahuar Cámara, Juan José Abraham, Fernando Aranguren, Andrés Marcelo Sada Zambrano, Enrique Terrazas, Emilio Goicoechea Luna (futuro senador), Felipe González (futuro gobernador de Aguascalientes), Felipe Pablo Martínez, Carlos Medina Plasencia (futuro gobernador de Guanajuato), Elías Villegas Torres, Francisco Barrio Terrazas (futuro gobernador de Chihuahua), Lorenzo Servitje Sendra y Roberto Servitje Sendra, entre otros.

¿De qué se trataba?

Resulta imposible reproducir aquí con fidelidad y amplitud todo el contenido de las conferencias del curso, pero intentaré un breve resumen.

La primera de ellas abarcaba de manera general la visión del Estado Mexicano como un Sistema (Fig. 1) que pretendía abarcar a todos los factores de poder:

El Sistema Político. Se hacía una reseña histórica del sistema político mexicano, desde el nacimiento del PNR hasta el momento. El Partido había nacido desde el poder para conservar el poder, por lo que no respondía a la lógica de los partidos tradicionales. El Partido, fundado por Plutarco Elías Calles, estaba formado por la coalición de las fuerzas sobrevivientes de la Revolución Mexicana y se agruparon como "familia revolucionaria" en un pacto de distribución del poder pacíficamente, evitando que fuerzas opositoras se lo disputaran. Se agrupaba a las fuerzas coaligadas en Carrancistas, Callistas, Obregonistas y Cardenistas.[65] Para evitar ser desplazado y renovarse, el Sistema atraía a líderes y dirigentes que emergían en la sociedad y muchos se unían al Partido, sabedores que ése era el único camino de acceso al poder político. Cuando surgían opositores se les cooptaba, se les amenazaba para neutralizarlos, se les canalizaba a la oposición leal o eliminaba, según fuera el caso.

Se explicaba que el sistema político y su funcionamiento iba más

---

[65] Existía mucho interés, sí, por tratar de entender la lógica de la sucesión presidencial. Algunos la entendían como un equilibrio pendular, izquierda-derecha. Años más tarde, considerando estos grupos surgidos de la Revolución Mexicana, Saúl Álvarez Mosqueda publicó una obra en la cual establecía la hipótesis de que desde Álvaro Obregón existía un acuerdo entre ellos de turnarse el poder. Cfr. Álvarez Mosqueda, Saúl, Alta Política, Editorial Leega, S. A., México, 1985.

allá del PRI, pues englobaba todo el poder público, desde la Presidencia hasta la última presidencia municipal, mediante un sistema de control piramidal que descendía en primer término a los diputados, senadores y jueces, quienes eran designados por el Presidente y le debían lealtad; seguían los gobernadores, quienes también eran nombrados por el Presidente y éstos, a su vez, escogían a los presidentes municipales, los diputados locales y a los jueces. El aparato administrativo del Gobierno contaba con una burocracia fiel y controlada.

Al mismo tiempo, el sistema dirigía a una parte de la sociedad a través de los tres sectores del PRI o mediante una oposición leal. A la vez, vinculaba y manejaba a otros mediante contratos, canonjías, corrupción, amenazas, impuestos, etc. Para asegurar las lealtades internas y evitar excesos presidencialistas, a diferencia de otros sistemas totalitarios o autoritarios, se estableció la no reelección. Álvaro Obregón murió en el intento reeleccionistas y desde Lázaro Cárdenas el Primer Mandatario se renovaba sexenalmente. Así se aseguraba que todos los grupos se beneficiaran de posiciones de poder. El Presidente, como centro del Sistema, lo controlaba. Así surgió la denominada "monarquía sexenal hereditaria". Se aseguraba la estabilidad distribuyendo cargos a los representantes de los distintos grupos priistas y manteniendo el equilibrio social, ya fuera por negociación, satisfacción de algunas demandas o mediante la represión. El poder presidencial surgía con el destape y se iba incrementando durante los dos primeros años, el Sistema atraía a líderes y dirigentes que emergían primeros años al irse renovando los gobiernos de los estados; llegaba a su culmen en los dos siguientes años, con una cámara de diputados distinta a la que había heredado y nuevos gobernadores designados por él, y empezaba a declinar en los últimos dos, cuando las fuerzas políticas empezaban a movilizarse en busca de la sucesión y del nuevo "tapado" para acomodarse a tiempo.

En sucesivas sesiones se iban analizando los factores de poder o grupos de presión:

Los empresarios. Durante esta plática se explicaba la forma como estaban organizados los empresarios, principalmente los integrantes del Consejo Coordinador Empresarial: cámaras y sus Confederaciones; sindicatos patronales y COPARMEX; los banqueros; el Consejo Mexicano de Hombres de negocios, y la Asociación de Instituciones de Seguros, y porqué la CANACO

México y la CANACINTRA tenían un asiento con voz, pero sin voto. También se explicaban las relaciones empresarios gobierno, las presiones, los controles, etc. No se dejaba de mencionar a otros organismos empresariales locales o nacionales, la mayoría de ellos organizados como Asociaciones Civiles que también actuaban en defensa de sus intereses y cómo en ocasiones desde el Gobierno se les enfrentaba entre sí, favoreciendo a unos en perjuicio de otros, para generar compromisos o castigar sus posibles "deslealtades". Por sus posiciones se les clasificaba en favorables al sistema; neutros y manipulables, y en oposicionistas ya fuera por la afectación de sus intereses y presionaban con fuerza, pro panistas.

Los obreros. Desde luego, la estrella era la CTM, pues surgida con Lázaro Cárdenas bajo la conducción de Lombardo Toledano, de izquierda, se había convertido con Fidel Velázquez en una corporación con poder y fuerza propia en un largo proceso de toma y daca con el Sistema, al cual arrancaba y él le concedía, beneficios para los trabajadores; la aparición del Congreso del Trabajo para agrupar a nuevos sindicatos que le disputaban el control a la CTM pero con menor fuerza (CROC, CROM, COR, CGT, CRT COCEM, FSTSE, FAO FSTSGEM, FSTSGEMIDCERM, FTDF, FOR, FNUTEP, FNC, STFRM, SME, STPRM, STRM, etc.). Se mostraban los sindicatos independientes de izquierda y sus tendencias (Unidad Obrera Independiente, Coordinadora Sindical Nacional, Mesa de Concertación Sindical con sindicatos universitarios, frentistas, populares, etc.). Se explicaban las estrategias de estos grupos, sus ámbitos de acción, su fuerza, rivalidades, sus posiciones ideológicas y las propuestas (como el capítulo económico de la Constitución que llegó a presentar la CTM), etc.[66] La fuerza y peso de la CTM llevaban a Fidel Velázquez a lanzar bravuconadas y frases célebres como cuando dijo: "Llegamos con la fuerza de las armas, y no nos van a sacar con los votos".[67]

El Ejército. Desde que con Miguel Alemán la presidencia pasó

---

[66] Un fruto de esta conferencia y nuevas investigaciones, sería, más tarde, el libro Las corrientes Sindicales en México, de Hugo Estevez, Instituto de Proposiciones Estratégicas A. C., México, 1990.

[67] Cfr. Monsiváis, Carlos, La era del PRI y sus deudos, Letras Libres, Agosto 200. http://www.letraslibres.com/revista/convivio/la-era-del-pri-y-sus-deudos.

de los militares a los civiles, se fue marginando al Ejército de la actividad política directa, aunque se incluía a miembros del mismo o de la marina en diputaciones o escaños en el Senado. El reducto militar que se fue extinguiendo naturalmente y operó como premio de consolación para algunos fue el Partido Auténtico de la Revolución Mexicana, mero apéndice del PRI y sin mayor fuerza. Sin embargo, de manera discreta y como soporte de fuerza del sistema, las fuerzas armadas tienen voz y son tomadas en cuenta. Aunque no han faltado roces con los Presidentes, salvo las insurrecciones antes de la Institucionalización y que fueron sofocadas por los mismos militares, ha prevalecido la lealtad al sistema y no pocas veces le tocó el triste papel de represor de civiles.

La Iglesia. La convocatoria de Plutarco Elías Calles para fundar el PNR respondió a la amenaza que llegaron a representar los cristeros, cuando debido a la persecución que se había iniciado con el Carrancismo se incrementó con el Callismo. La intervención del embajador norteamericano Dwight Morrow logró la firma de los "arreglos" en tiempos del Presidente Emilio Portes Gil, acordada – pero no firmada- con los obispos Ruiz y Flores y Pascual Díaz en 1929, generó un modus vivendi entre Gobierno e Iglesia mexicana que derivó en un abstencionismo político no sólo de los obispos, sino también de los laicos, con algunas excepciones. El estatus quo era sumamente equívoco, pues por un lado continuó la línea anticatólica auspiciada desde la masonería, pero por otra parte gobernantes y prelados en muchos casos llevaban buenas relaciones y éstos hasta recibían favores y beneficios del Gobierno. Sin embargo, después de muchos años, el Cardenal Ernesto Corripio Ahumada, en un mensaje al concluir su periodo como Presidente de la Conferencia del Episcopado Mexicano en 1973, reclamó terminar con esa ficción y que se concediera a la Iglesia el lugar jurídico que le correspondía, pues aunque desconocida constitucionalmente, estaba sometida al poder. Las fricciones se incrementaron cuando Echeverría modificó los libros de texto iniciando la educación sexual y promovió la píldora anticonceptiva.

A partir de entonces se surgieron presiones para una reforma constitucional y el establecimiento de relaciones diplomáticas con el Vaticano. El primer viaje del Papa Juan Pablo II a México fue un acicate para que los prelados subieran su participación e incrementaran la voz para opinar sobre la situación del país. A su

Sistema Político
Mexicano

modo, la Iglesia, más allá de su misión espiritual, es un factor de poder en un país mayoritariamente católico.[68]   Para entonces ya estaba presente la corriente de los cristianos por el socialismo, encabezados por monseñor Sergio Méndez Arceo y la influencia de los teólogos de la liberación.

Como fuerzas secundarias se presentaban:

Los medios de comunicación. Se explicaban los condicionamientos políticos, empresariales y profesionales que impedían la libertad de expresión tanto en la prensa escrita, por los intereses de los propietarios y la corrupción de los periodistas, la dependencia del papel de la PIPSA y las deudas de los periódicos con ésta, así como por los negocios y canonjías derivados de la posesión de periódicos o del ejercicio de la pluma. Por su parte, en tanto concesiones, radio y TV estaban alineados al sistema, formaban parte de él y estaban a su servicio.[69] Eso no significa que no hubiera medios con líneas diferentes, de izquierda, centro y derecha. Más o menos gobiernistas e, incluso, algunos de línea crítica cuyo sometimiento era más costoso o llevó a casos como el "golpe de estado" a Julio Scherer en Excélsior en 1976[70]. Esta situación impedía a los mexicanos conocer su realidad económica,

---

[68] Aunque se escribieron varios libros sobre la Cristiada durante la etapa posterior a los arreglos, tanto el Gobierno como la Iglesia guardaron silencio sobre el tema durante muchos años. Ese silencio se rompió cuando un francés, Jean Meyer, escribió una versión histórica del conflicto: Meyer, Jean, La Cristiada, Siglo Veintiuno Editores, México, Tomos I y II, en 1973, y Tomo III, en 1974. Una versión histórica católica ampliamente documentada se encuentra en González Fernández, Fidel, Sangre y Corazón de un Pueblo. Los mártires de Cristo, Ediciones Papiro Omega S. A. de C. V - UVAQ, Morelia, Michoacán, 2013.

[69] Fernández Christilieb, Fátima, *Los medios de difusión masiva en México*, Juan Pablos Editor, S. A., México, 1982.

[70] Cfr. Leñero, Vicente, *Los Periodistas*, Joaquín Mortiz, S. A. México, 1978.

política y social, pues la información estaba maquillada o silenciada. En cualquier caso, los medios eran voceros oficiosos del gobierno y de él provenía la mayor parte de la información en versiones oficiales. Paradójicamente estábamos más informados de lo que ocurría en el extranjero, gracias a las agencias de prensa internacionales presentes en México, que de nuestra realidad nacional.[71]

Las Universidades. Como formadoras de la élite intelectual, profesional y política del país, las universidades han representado un papel muy importante en la configuración del sistema. Desde la lucha por la autonomía el estudiantado asumió posiciones políticas importantes. Esa juventud fue la fuerza que se aglutinó en torno a José Vasconcelos cuando fue candidato a la Presidencia. Y aunque el sistema siempre ha tratado de controlarlas, desde que Lázaro Cárdenas ubicó en esas casas de estudio a muchos de los republicanos refugiados en México, se incrementó el proselitismo de izquierda. La Universidad Autónoma de Puebla, la Universidad Michoacana de San Nicolás de Hidalgo, la UNAM, el politécnico y otras más, junto a las escuelas normales donde el lombardismo encontró su refugio, los planteles de educación media superior y superior han protagonizado acciones tan importantes como las vividas en 1968, durante el "movimiento estudiantil" o en 1971. También es en las Universidades donde el sistema capta y coopta a quienes habrán de engrosar y dirigir sus filas en el relevo generacional. Pero los estudiantes no van solos, los académicos los preparan y los dirigen. Los casos de Enrique González Pedrero, Heberto Castillo o Elí de Gortari son un ejemplo. Pero también los docentes y los trabajadores han organizado sindicatos de militancia política evidente. Como medio de presión al sistema se analizaban las corrientes que actuaban desde el mundo educativo.

Izquierdas y derechas. Bajo estos títulos genéricos se analizaban otras organizaciones sociales que sin ser sindicatos,

---

[71] Castellanos López, José de Jesús, *México Engañado, por qué la prensa no informa*, Cuadernos de Gaceta Informativa Independiente, México, 1983.

organismos camerales o partidos políticos, actuaban manifestando demandas y exigiendo soluciones a los problemas del país. Podían ser instituciones como la que aglutinaba a los padres de familia en la Unión Nacional de Padres de Familia, o grupos violentos como la Liga 23 de Septiembre. Algunos trabajaban en el ámbito de lo que se ha denominado "sociedad civil" y otros en la guerrilla clandestina. La variedad de estos grupos enriquecía la vida social, pero no siempre estaban actuantes, sino cuando veían afectados sus principios o sus intereses. Durante el gobierno de Luis Echeverría se suscitó una gran inquietud y se inició una movilización creciente ante la polarización provocada por el régimen.

Presiones internacionales. Después de la Segunda Guerra Mundial se dividió el mundo en dos polos principales: el occidental, definido como democrático, y el oriental, de definición comunista. Los dos bloques aspiraban al dominio en el escenario internacional y se produjo la llamada "guerra fría". El mundo geopolítico iba de la mano de las alianzas militares. Estados Unidos y Europa configuraron la Alianza del Atlántico Norte (OTAN) como bloque militar frente al Pacto de Varsovia, presidido por la URSS y configurado por sus satélites. Ambos campos contaban, además, con zonas de influencia y buscaban expandir su fuerza. Una tercera fuerza o vía de tendencia socialista, fue encabezada por Yugoslavia, con Josif Broz Tito al frente, y se denominó de "los no alineados", coincidentemente subdesarrollados o tercermundistas. Sin embargo, no eran tan neutrales como pretendían. México, dependiente del bloque occidental, coqueteaba con este grupo, y tratando de disminuir su dependencia geopolítica de EU, se alineaba a la social democracia, entonces en ascenso, que gobernaba varios países democráticos de Europa y cuyo liderazgo ejerció Willy Brandt. América Latina era presa de la violencia, pues ubicada en occidente, aunque poco democrática, sufría luchas internas y violencia guerrillera apadrinada desde Cuba, con el apoyo de la URSS. Se habló entonces, de las relaciones Norte-Sur, como un eje diferente de la relación Este-Oeste.[72]

Esta es una simple enunciación de los temas que se abordaban. Muchos empresarios, y también algunos grupos sociales invitados a estos cursos, accedían por primera vez a una visión amplia del sistema político mexicano y se les presentaba una teoría acerca de su funcionamiento. Ello les generaba expectativas de cuál podría ser su papel y actuación en este contexto. Con ello se generó una politización, aunque no partidista.

La sociedad se moviliza

Mientras los empresarios adquirían una nueva visión del sistema político, la sociedad también despertaba de un largo letargo. Si bien el Movimiento del 68 fue eminentemente estudiantil, con el apoyo de algunos intelectuales de izquierda y el aplauso social por desafiar al régimen, parecía no tener mayor trascendencia. Como no se percibía salida social alguna, la izquierda radical se fue a la guerrilla, con ello se aisló de la sociedad. Sin embargo, pese a lo que parecía ser la intención del presidente Luis Echeverría, de congraciarse con la izquierda, la puerta se cerró el 10 de junio de 1971, con la represión de los halcones, como ya quedó mencionado.

Pero el viraje ideológico, como hemos comentado, no sólo inquietó al empresariado, sino también a la sociedad. Ello movilizó a asociaciones que si bien se oponían a algunas políticas del gobierno no tenían mayor impacto, o generó el nacimiento de nuevos movimientos que empezaron a tomar eco en la sociedad mexicana. Estas asociaciones no escondieron su oposición al Gobierno y provocarían que poco tiempo después, Jesús Reyes Heroles, advirtiera el peligro de despertar al "México bronco"[73]

Los primeros fueron los padres de familia. La Unión Nacional de Padres de Familia, fundada en 1917 para oponerse a la política educativa emanada de la Constitución, volvió a alertar a los padres de familia acerca del resurgimiento del propósito gubernamental de

---

[72] Cfr. Brandt, Willy, *Norte-Sur, un programa para la supervivencia*, Editorial Pluma Ltda., Bogotá, 1980.

apoderarse de la mente de los niños, tal y como lo había proclamado Plutarco Elías Calles el 20 de julio de 1934, en el llamado "grito de Guadalajara":

> "...La revolución no ha terminado. Los eternos enemigos la acechan y tratan de hacer nugatorios sus triunfos. Es necesario que entremos al nuevo periodo de la Revolución que yo llamo el periodo revolucionario psicológico, debemos apoderarnos de la conciencia de la niñez, de las conciencias de la juventud porque son y deben pertenecer a la Revolución."

> "No podemos entregar el porvenir de la Revolución a las manos enemigas. Con toda maña los reaccionarios dicen que el niño pertenece al hogar y el joven a la familia; esta es una doctrina egoísta, porque el niño y el joven pertenecen a la comunidad, y es la Revolución la que tiene el deber imprescindible de apoderarse de las conciencias, de desterrar los prejuicios y de formar la nueva alma nacional."[73]

Aquellas palabras, que fueron neutralizadas en su momento, volvían a revivir con la reforma a los libros de texto oficiales donde no sólo se introducía la educación sexual, sino que se deformaba la historia de México y se elogiaba y catalogaba como héroes a revolucionarios socialistas.

Como parte del viraje se inició la política feminista radical, la cual fue enfrentada por la Asociación Nacional Cívica Femenina, fundada en 1975, y cuya finalidad fue la educación de las mujeres para participar en la vida cívica del país. Entre sus presidentas se encuentran Cecilia Romero Castillo (futura legisladora y presidenta del PAN) y Ana Teresa Aranda Orozco (futura diputada y Secretaria de SEDESOL).

También se produjo un viraje radical en la política poblacional del país, como consecuencia de las presiones norteamericanas y de los organismos financieros internacionales. Por una parte se adoptaron las tesis del control natal y surgieron escarceos para

---

[73] Yankelevich, Pablo, *La Educación Socialista en Jalisco*, Departamento de Educación Pública del Estado de Jalisco, Guadalajara, 1985, p. 49-50.

implantar el aborto en el país. Así, en 1978 nació el Comité Nacional Pro Vida A. C., encabezado por el doctor Jaime Aviña Zepeda (futuro diputado del PAN) que desde entonces mantiene su lucha a favor de la vida y ha fundado el Centro de Ayuda a la Mujer A. C. para orientar y ayudar a las madres que pretenden abortar.

Entre la juventud también surgió una corriente opositora, pero no de izquierda, sino de derecha, que un día, de manera sorpresiva se hizo su aparición cuando 40 organizaciones de distintos puntos del país, encabezadas por el MURO, realizaron un campamento multitudinario a las faldas del Santuario de los Remedios, en el Estado de México, y el 17 de agosto de 1975, mientras Luis Echeverría se encontraba en Cuba, se pronunciaron en contra de las políticas presidenciales y su tendencia izquierdizante, con una clara connotación anticomunista.[74]

Uno de los organismos más interesantes fue Desarrollo Humano Integral y Acción Ciudadana (DHIAC), creado en 1973. Fundador de esa organización, Miguel Guevara Torres explica que su propósito era "mostrar la importancia de participar en la vida cívico-política de una forma diferente a la de los partidos políticos y a la de las élites del poder"[75]. Pretendían generar ciudadanos "politizados", sin ser integrantes de los partidos, sin ambicionar puestos políticos.

"Queríamos trabajar en crear una consciencia de participación cívica, de observación crítica y de exigencia a los funcionarios, a los políticos, en la búsqueda de soluciones a problemas compartidos. En otras palabras, deseábamos romper esa división entre los que nada más deberían ponerse a trabajar y no meterse en política, por una parte, y los políticos como tales."[76]

Esta posición era consecuencia, en cierta forma, de la insatisfacción del comportamiento de los partidos políticos porque su lógica era, simplemente, ganar elecciones. Sin embargo,

---

[74] Cfr. Collado Herrera, María del Carmen, et alt, *Las derechas en el México contemporáneo*, Instituto de Investigaciones Dr. José María Luis Mora, 2015, p.235 y sig.

[75] Guevara Torres, Miguel, *DHIAC: Cimientos para la democracia*, México, 2010, p. 20

[76] Ibídem, p. 21

reconocen que su inquietud era un tanto vaga. La aparición de las asociaciones políticas nacional en la Ley de Organizaciones Políticas y Procesos Electorales promulgada como parte de la reforma política impulsada por Jesús Reyes Heroles, les dio una perspectiva diferente, por lo que intentaron asumir dicha figura, abandonando la de Asociación Civil, que la veían inadecuada. Sin embargo, como consecuencia de la inexperiencia también llegaron a expresar que eran un partido político en ciernes.

Por afinidad y considerando que los empresarios por su preparación podían ser afines a sus propósitos, se acercaron a la COPARMEX, organismo empresarial independiente y crítico del régimen. Allí encontró eco su posición. Entre quienes se adhirieron se encontraron Francisco Barrio (futuro gobernador de Chihuahua), Fernando Guzmán Pérez Peláez como presidente (futuro legislador y Secretario General de Gobierno del Estado de Jalisco), Jaime Aviña Zepeda también como presidente, después de concluir en Pro Vida, y Luis Felipe Bravo Mena.

El itinerario de este grupo giró hacia la generación de conciencia política en desayunos, conferencias y vinculación con personajes de la vida pública. El declararse como partido político en ciernes generó desconfianza en el PAN, pues se interpretó como que pretendían ponerle "la tienda enfrente". Sin embargo, se dialogó con los dirigentes del partido y llegaron a colaborar panistas y miembros del DHIAC en esfuerzos conjuntos. Uno de ellos fue el "Manifiesto para un México Justo y Libre", que era un proyecto de Constitución Democrática, elaborado en 1985 por la Comisión de Derechos Humanos de ese organismo y en el que contribuyeron, entre otros, los panistas Jesús González Schmall y José González Torres. Ese trabajo contenía propuestas que hoy son realidad, como el reconocimiento en el artículo 1º. Los derechos humanos como punto de partida, un tribunal electoral y órganos electorales diferentes, el seguro de vejez para los mayores de 65 años, etc.

El contagio político tomó efervescencia entre los ciudadanos no partidistas, por lo que se realzó un Foro por el Sufragio Efectivo que emitió una declaración firmada por 21 agrupaciones, de las cuales sólo cuatro eran partidos políticos y el resto agrupaciones no partidistas de izquierda y derecha unidas. Entre ellas firmaba el DHIAC.[77]

La consecuencia natural de la nueva conciencia cívica fue que no pocos de sus miembros, así como emigraban de los organismos empresariales al DHIAC, terminaran transitando, más tarde, a los partidos políticos. Y fue el DHIAC quien en 1986, en un foro de organizaciones no partidistas, lanzó la candidatura de Manuel J. Clouthier a la Presidencia de la República, como candidato ciudadano.

Estalla la crisis económica

Para finales de 1981 los problemas económicos del Gobierno se volvieron cada vez más evidentes. La promesa lopezportillista de "administrar la abundancia" había fracasado. Con un Presidente desconocedor de la economía y funcionarios públicos que alentaron una política intervencionista, inflacionaria, altamente endeudada en lo interno y lo externo, y petrolizada, los dólares que ingresaban al país por las ventas de petróleo resultaron insuficientes para el cumplimiento de los compromisos, por lo que pronto se manifestaron presiones sobre el peso.

El cinco de febrero de 1982 el Presidente sorprendió a la sociedad mexicana con un encendido discurso durante la reunión con los gobernadores de los estados en la denominada "Reunión de la República". Allí, ante toda la Nación, se comprometió a "defender el peso como perro". A diferencia de los aciertos oratorios que había demostrado desde su campaña política y a lo largo de su gobierno, dicho discurso prendió la mecha que habría de acelerar la devaluación del peso. La bomba estalló provocando un incendio económico que cundió rápidamente por todo el país. Los errores económicos, junto con la negativa a escuchar a Jorge Díaz Serrano, quien había advertido la necesidad de cambiar la política petrolera ante los cambios de rumbo internacionales en la materia, cobraban

---

[77] Ibíd. P. 90

sus cuentas.

Al desacertado discurso del 5 de febrero se sumó una pésima conferencia de prensa dictada en un vuelo aéreo y televisada a todo el país, en la cual pretendía explicar cómo el pánico provocado por la devaluación, así como el incremento de la demanda de dólares aceleraban la caída del peso. Las analogías gráficas que utilizó en su mensaje, así como el mal efecto provocado por el ruido de fondo del avión y el movimiento tembloroso de la imagen, lejos de tranquilizar a la sociedad, aumentaron la desazón y el miedo. Quiso apagar el fuego con gasolina y en lugar de ello lo extendió.

La economía respondió como era de esperar: fuga de capitales, incremento de los precios con inflación desatada, pérdida del poder adquisitivo y desconfianza generalizada. El Presidente y su equipo gubernamental naufragaban en el océano de una crisis mayor a la heredada por Luis Echeverría. El 18 de febrero se produjo la inevitable devaluación. La reacción inmediata de los obreros fue pedir un aumento salarial de 70.37%, la misma proporción en que se había devaluado el peso. El CESSP demostró que el efecto de la devaluación sobre el índice de precios sería de 8.4%, pero los líderes obreros rechazaron la cifra.

En ese contexto, en marzo de ese año se celebró en Cancún la Asamblea anual de la Confederación de Cámaras Nacionales de Comercio, Servicios y Turismo, CONCANACO. Jorge Chapa, presidente saliente y oriundo de Monterrey, le entregaba el cargo a Emilio Goicoechea Luna, procedente de Mazatlán y gran amigo del entonces presidente del Consejo Coordinador Empresarial, Manuel J. Clouthier. El ambiente era tenso y los comerciantes del país mostraban un ánimo agresivo hacia el Presidente, pues los mensajes enviados por el Gobierno a la sociedad, ocultando la realidad, habían provocado que los empresarios se endeudaran en dólares para mejorar o ampliar la planta productiva a lo largo del sexenio, y la crisis los llevó al borde de la quiebra. Con dificultad se insistió en que, pese a todo, el Presidente López Portillo era el Jefe del Estado y merecía respeto.

El discurso del licenciado Jorge Chapa fue conciliador, buscando atemperar los ánimos. Los empresarios refrendaban su compromiso de trabajar por el país, a pesar de las dificultades. En el presídium se encontraban presentes los presidentes de CONCAMIN, COPARMEX, la Asociación de Banqueros de México y la Asociación Mexicana de Instituciones de Seguros, junto con el Presidente del Consejo Coordinador Empresarial. Había expectación por lo que el Presidente de la República pudiera decir en el primer foro de organismos empresariales al que se presentaba después de la devaluación.

Tenso y expectante, el Presidente José López Portillo rompió el protocolo entonces en uso, de que el Estado Mayor Presidencial llevaba al centro del presídium un pódium portátil desde el cual, sin moverse de su lugar, el Primer Mandatario se dirigía a sus audiencias. Rechazó este mueble y se dirigió a la tribuna desde la cual hablara momentos antes el Presidente de la CONCANACO. El cambio provocó el movimiento masivo de fotógrafos y camarógrafos, que se agolparon frente a la tribuna, generando una barrera humana y de cámaras que encandilaban al Presidente. El orador se dirigió a ellos pidiéndoles se hicieran a un lado para poder ver "las caras de los buenos mexicanos" ahí presentes. López Portillo había recuperado su capacidad empática con el público y pronunció un encendido y vibrante discurso en el que abandonaba el lenguaje de suficiencia y prepotencia que lo caracterizaba y asumía una sorprendente humildad, reconociendo haber perdido autoridad porque: "Presidente que devalúa, se devalúa"..."este Presidente devaluado, que sin duda tiene culpas y defectos, que ha acumulado errores..."

Después de ese reconocimiento, el Presidente llamó a una nueva "alianza" como la que había servido al inicio de su gobierno para superar el clima de división y desconfianza que había heredado de su antecesor, Luis Echeverría. Ya no invocó un liderazgo personal, sino que pidió que el trabajo a realizar se hiciera por "México, por nuestros hijos."

La respuesta de los empresarios fue unánime. Manuel J. Clouthier, el primero entre todos, se puso de pie aplaudiendo. Todos le siguieron. El Presidente había logrado revertir el ánimo de los asambleístas y lo que antes era repudio y hasta deseos de insultar, se convirtió en confianza y certeza de que, una vez más, sería posible remontar la adversidad.

Al concluir la ceremonia de apertura de la Asamblea, el Presidente delegó a Francisco Cano Escalante, ex presidente de la CANACO de la Ciudad de México y de la CONCANACO, entonces subsecretario de comercio interior, para que aprovechando la presencia en Cancún de todos los líderes empresariales, se materializara esa segunda alianza y se hiciera pública, lo cual se consiguió ese mismo día. Los empresarios habían cedido, una vez más, al Presidente seductor.

Un desplante autoritario

Poco duró la nueva alianza entre el sector empresarial y el Gobierno. Pese a la buena voluntad de los empresarios, los efectos económicos de la devaluación, traducidos en una inflación galopante, mermaban el poder adquisitivo de los trabajadores, quienes liderados una vez más por Fidel Velázquez, secretario general de la CTM priista, apoyado por el Congreso del Trabajo, seguía presionando por el incremento de los salarios, como habían hecho durante la crisis de Echeverría. López Portillo entendió que la Nueva Alianza era una carta blanca y creyó que no podía ser menos que su antecesor, por lo que respondió positivamente a las demandas laborales.

Esta vez el Presidente se quiso ver creativo y no se limitó a elevar el salario mínimo, sino que ordenó a su Secretario del Trabajo, Sergio García Ramírez, imponer un incremento de 10% a los salarios más altos, 20% a los mandos intermedios y 30 por ciento a los trabajadores. Para que se acatara la decisión, se publicó un "decreto" en el Diario Oficial, carente de validez jurídica, con el cual se amedrentaba a los empresarios para dar cumplimiento a ese aumento.

La respuesta de los empresarios no se hizo esperar. Manuel J. Clouthier se entrevistó con el Presidente para hacerle ver que la medida agravaría la situación de las empresas y elevaría la inflación quizá a un 70%. La contestación de López Portillo fue "¿No se da cuenta, Ingeniero, que las calles están llenas de gasolina y que sólo falta un irresponsable que prenda un cerillo? Y mantuvo su decisión.[78]

El buen ánimo sembrado en Cancún se derrumbó, iniciándose una guerra de declaraciones entre el sector público, los empresarios y los trabajadores. Se volvía al clima de confrontación social con que había terminado el Gobierno de Echeverría. Esto, lejos de atemperar la crisis económica, la agravó. El CCE advertía al Presidente que las pérdidas cambiarias de las empresas eran tres veces sus ganancias de cinco años; que se había perdido la confianza en el futuro y en el gobierno, el cual parecía querer quedarse con todo, y que era preferible liberar precios y salarios, a congelar ambos.[79]

Clouthier volvió de nuevo con el Presidente para decirle que la gente creía que íbamos al comunismo, pues de ocho banderas del Partido Socialista Unificado de México, ya se habían cumplido cuatro. López Portillo rechazó el señalamiento y pidió al Presidente del CCE que hiciera gestiones para que regresaran los dólares.

Para colmo de males, en marzo de ese año, José Luis Coindreau, todavía presidente de COPARMEX, mostró fotografías de campamentos de guerrilleros en el Estado de Chiapas. Otro signo inquietante fue la propuesta, en el Congreso del Partido Socialista Unificado de México, de nacionalizar la banca. Coincidía, también con algunas expresiones de la CTM. Pero la iniciativa fue descartada por el Congreso. El ocho de diciembre de 1980 la Comisión de Hacienda y Crédito Público había rechazado la propuesta, argumentando que el Estado no requería la nacionalización de la banca, ya que ésta se sujetaba de manera satisfactoria a la regulación oficial establecida por aquél. Se afirmaba, incluso, que esa medida era innecesaria, arbitraria y parcial.

En este contexto de crisis se realizaron las elecciones de ese año,

---

[78] Calderón, Op. cit. p. 61.
[79] Ibíd. p. 62

en las cuales resultó electo el licenciado Miguel de la Madrid Hurtado, quien como Secretario de Programación y Presupuesto había elaborado el Plan Nacional de Desarrollo de corte estatizante. Sin embargo, los empresarios y muchos líderes de opinión, confiando en los equilibrios de los cambios sexenales, y en que De la Madrid procedía del Colegio Cristóbal Colón, donde había recibido formación lasallista, y por estar emparentado con el entonces director del Banco de México, Fernández Hurtado, de orientación ortodoxa en materia económica, pensaron que recompondría la economía. De cualquier forma, el sistema político mexicano seguía operando a la perfección, con todos sus controles corporativos en marcha y agudizados en la confrontación contra los empresarios "explotadores". A su vez, el PAN seguía sin tener impacto político y penetración social como para amenazar el predominio del PRI.

El detonante de la ruptura

En ese contexto económico y político, llegó el primero de septiembre de 1982, fecha en que el Presidente José López Portillo debía presentar su último informe de gobierno. Tradicionalmente ése era un momento donde el poder presidencial llegaba a su ocaso, pues ya brillaba el nuevo sol en el Presidente electo. Era, entonces, el tiempo de la recapitulación y la despedida, para dejar paso libre al nuevo gobierno. También política y administrativamente hablando, el lapso entre el último informe y la toma de posesión del nuevo Presidente, aparece como un vacío, en cuanto que ya no se toman decisiones de las cuales ya no se daría cuenta, y todo estaba orientado a preparar la llegada del nuevo equipo de gobierno. Sin embargo, el país no podía permitir esa parálisis, pues había entrado en un vértigo descendente donde la inacción podría agravar las condiciones en que vivía México.

Se decía en esos momentos que el Estado mexicano se sostenía sobre un trípode: la economía, el sistema social y el sistema político. Los dos primeros se habían roto, así que el López Portillo se aferró al tercero y recurrió al apoyo del Congreso y a su gabinete para dar lo que sería un paso en falso, una salida equivocada, que lejos de resolver la crisis habría de agravarla y generar, sin quererlo, un cambio político-social en el país.

Previa su comparecencia ante el Congreso, el Presidente convocó a su Gabinete ampliado para que junto con él firmaran el decreto de expropiación de la banca. Sólo uno de sus miembros, Adrián Lajous, tuvo el valor de negarse a hacerlo. Todos los demás, como era costumbre, obedecieron servilmente la orden, independientemente de sus convicciones. También el Congreso habría de actuar con la sumisión que le era propia.

A pesar del sigilo con que todo se preparó, la información se filtró. Una persona se acercó a Manuel Clouthier, que como invitado con los dirigentes de los organismos empresariales se encontraba en las tribunas del recinto del Congreso y le dio la noticia de lo que iba a ocurrir. De inmediato, el Presidente del CCE llamó a Carlos Abedrop, dirigente de los banqueros, para advertirle. Éste sin embargo, respondió con una carcajada, diciendo que le habían engañado. Quizá tenía en mente la reciente entrevista que los banqueros que encabezaba, habían tenido con el Presidente López Portillo el 12 de julio previo, que se convirtió en una sesión de elogios mutuos.

En ese encuentro, Abedrop reiteró y sintetizó los elogios que a lo largo del sexenio hicieron los presidentes de la ABM: Rubén Aguilar, Eugenio Eraña, Rolando Vega, Arcadio Valenzuela y Rolando Vega. Se le hicieron reconocimientos al Presidente y agradeció el apoyo. Fue expresión de un verdadero romance entre banqueros y Gobierno.

A su vez, el Presidente respondió que la crisis no había enfrentado unos a otros:

> "Vivimos como lo acreditan recientes acontecimientos, el sistema de resolver nuestros enfrentamientos mediante la ley y analizar a través de las instituciones nuestras diferencias". La crisis no había separado, aunque había lastimado. "Sabemos cuáles son las soluciones, difíciles unas y en proceso otras, pero lo importante es que hay

unidad y conciencia", dijo.

El Presidente, que estaba preparando el golpe contra ellos, se comprometió a mantener unidos a los mexicanos en lo que restaba de su gobierno. A los banqueros les agradecía profundamente su solidaridad:

> "el reconocimiento de lo que se ha cumplido y fundamentalmente el empeño expreso como responsabilidad de seguir impulsando al país en la consolidación y la superación de la actual situación, porque será seguramente la última vez que con mi carácter de Presidente de la República me reúna en un acto, que no por protocolario deja de ser sincero, como éste en el que ahora estamos. Lo hago agradeciéndoles lo que a través de sus instituciones y como agrupación gremial, han hecho por el país. Exhortándolos a que continúen con patriotismo y nacionalismo, planteando y resolviendo con conciencia y responsabilidad los problemas que nos aquejan."[80]

Por su parte, Agustín Legorreta, director del Banco Nacional de México, había apoyado a Jesús Silva Herzog, entonces secretario de Hacienda, ante la banca internacional para abrir puertas y obtener apoyo financiero. El Presidente también le reconoció esa acción.

En fin, en aquella reunión Silva Herzog hizo un orgulloso recuento de la reforma bancaria del país. Al parecer él no estaba en conocimiento de las mentiras que su Jefe pronunciaba y habló honestamente.

El anuncio de la expropiación de la banca el primero de septiembre de1982, en su último informe presidencial, fue una verdadera bomba para el sector empresarial, un triunfo para la izquierda y un acto más de sumisión de los legisladores priistas, que a la oratoria presidencial respondieron puestos de pie con entusiastas aplausos.

---

[80] Haces, Cosme, *¡Crisis! Crónica de un trimestre negro. MMH ante la herencia de JLP*, Edamex, México, 1983, p.15.

De la humildad de Cancún, López Portillo pasó a la auto justificación, él todo lo había hecho bien, y a la condena por la falta de solidaridad y el abuso de los banqueros que impidieron que a pesar de los problemas externos, la crisis fuera manejable. Así como el discurso de toma de posesión del Primer Mandatario seis años antes había servido para atemperar las olas embravecidas con que Luis Echeverría cerró su gobierno, el de ahora se tornó en una pieza maestra de la demagogia y la manipulación oratoria. Es una pieza maestra del populismo.

Como justificación, el Presidente arguyó que el crecimiento de la economía nacional superaba en 60 por ciento a la economía mundial y en 20 por ciento a la de los países en desarrollo y de los socialistas, y era el doble de la de los desarrollados. Con ello éramos -dijo- el décimo país más grande no socialista, por el producto interno bruto generado en su industria manufacturera.

Habló de haber implantado en su gobierno un "plan totalizador" para lograr una expansión económica acelerada y de la creación de millones de empleos. Sin embargo, su estrategia concebida en tres bianualidades: recuperación, consolidación y crecimiento, se habían traslapado.

Pese a que la inflación había crecido 33% anual en promedio de 78 a 81, y la corrupción gubernamental que era un secreto a voces, el Presidente se atrevió a afirmar:

> "No ha habido despilfarro. Cada programa, incluidos los criticados edificios de Pemex y el Banco de México, minucia simbólica, que en la magnitud del problema prácticamente no cuentan, tienen su propia explicación, aunque reconozco, son ahora inoportuna inversión".

Los primeros condenados en el Informe fueron los saca dólares, de los cuales ofreció divulgar su nombre y castigarlos. Entre otras cosas dijo que tenían propiedades con valor de 25 mil millones de dólares; las cuentas en dólares ascendían a 12 mil millones y los pasivos privados ascendían a 55 mil millones de dólares. Esta fuga de divisas fue alentada, según el Presidente, por la banca.

Pasó así a su diagnóstico final:

"Hemos identificado los grandes males:

"Primero los externos: un desorden económico internacional que castiga a los países en desarrollo, con factores monetarios, financieros, comerciales, tecnológicos, alimentarios y energéticos expresados muy claramente en la Reunión de Cancún (de la

Internacional Socialista sobre las relaciones Norte-Sur), y que tienen forzosamente que ser resueltos en negociaciones globales, como está propuesto a las Naciones Unidas. Es urgente. De otro modo los problemas se agravarán a extremos impredecibles.

"Después los internos.

"Aquí adentro fallaron tres cosas fundamentalmente:

"La conciliación de la libertad de cambio con la solidaridad nacional. "La concepción de la economía mexicanizada, como derecho de los mexicanos sin obligaciones correlativas.

"El manejo de una banca concesionada, expresamente mexicanizada, sin solidaridad nacional y altamente especulativa.

"Ello significó que en unos cuantos años, sustanciales recursos de nuestra economía generados por el ahorro; por petróleo y deuda pública, salieran del país por conducto de los propios mexicanos y sus bancos, para enriquecer más a las economías externas, en lugar de canalizarse a capitalizar al país conforme a las prioridades nacionales. Nuestra debilidad, por el camino de la desconfianza y ambición, nos hizo débiles, y más fuertes a los fuertes.

"Puedo afirmar que en unos cuantos, recientes años, ha sido un grupo de mexicanos, sean los que fueren, -en uso, cierto es-, de derechos y libertades pero encabezados, aconsejados y apoyados por los bancos privados, el que ha sacado más dinero del país, que los imperios que nos han explotado desde el principio de nuestra historia...

"Quiero ser muy insistente en ello: quienes usaron de una libertad para sacar dinero del país, simplemente no demostraron solidaridad. Nada más. Lo que hay que corregir es el sistema, y que a partir de ellos la actitud de todos sea distinta.

"Se trata de corregir el gran mal y no del esfuerzo estéril de identificar villanos.

"Constituyen, eso sí, una minoría cuyas acciones sumadas, dañaron la seguridad nacional y por ende la de todos.

"Por eso, ahora afirmo: como siempre en nuestra historia, en los momentos críticos, el Estado está con las mayorías es imperativo que lo justifica.

"La cuestión de fondo, la alternativa vital, se establece entre una economía progresivamente dominada por el ausentismo, por la especulación y el rentismo y otra vigorosamente orientada a la producción y al empleo.

"La especulación y el rentismo se traducen en una multiplicación de la riqueza de unos pocos sin producir nada, y proviene necesariamente del simple despojo de los que producen. A la larga conduce inevitablemente a la ruina...

"México, al llegar al extremo que significa la actual crisis, no puede permitir que la especulación financiera domine su economía sin traicionar la esencia misma del sistema establecido por la Constitución: la democracia como constante mejoramiento económico, social y cultural del pueblo.

"Tenemos que cambiar. Decisión siempre dura, pero no puede seguir entronizada la posibilidad de llevar recursos cuantiosos al exterior, y después pedirle prestadas migajas de nuestro propio pan. Todo ello propiciado y canalizado por instituciones y mecanismos especulativos.

"Esta crisis que hemos llamado financiera y de caja, ya amenaza seriamente la estructura productiva, que no sólo en los últimos años, sino a lo largo de varios decenios de esfuerzos de todos los mexicanos, hemos logrado levantar…

"No podemos seguir arriesgando que esos recursos sean canalizados por los mismos conductos que han contribuido de modo tan dramático a la gravísima situación que vivimos.

"Tenemos que organizarnos para salvar nuestra estructura productiva y proporcionarle los recursos financieros para seguir adelante; tenemos que detener la injusticia del proceso perverso fuga de capitales-devaluación-inflación que daña a todos, especialmente al trabajador; al empleo y a las empresas que lo generan.

"Estas son nuestras prioridades críticas."

Luego vino el anuncio espectacular, dramático, retórico:

"Para responder a ellas he expedido en consecuencia dos decretos: uno que nacionaliza los bancos privados del país y otro que establece el control generalizado de cambios, no como una política superviviente del más vale tarde que nunca, sino porque hasta ahora se han dado las condiciones críticas que lo requieren y justifican. Es ahora o nunca. Ya nos saquearon. México no se ha acabado. No nos volverán a saquear."

La euforia de los priistas y la izquierda fue abrumadora. Se sentían en tiempos de Cárdenas. Se envolvían en la bandera. Creían estar haciendo historia. Y la hacían, unos por convicción, otros por sumisión.

Con la expropiación, el Presidente dijo que no sólo eliminaba un intermediario, sino un instrumento que había probado más que suficientemente su falta de solidaridad con los intereses del país y el aparato productivo. Acusaba a la banca de fomentar, propiciar y aún mecanizar la especulación y la fuga de capitales. Descartó que hubiera otros medios para controlar la banca privada, pues creía que ya existían, pero no fue así. "En suma, nacionalizamos la banca porque no es admisible que el instrumento domine o condicione el propósito".

Estupefacción empresarial

Los dirigentes empresariales, pese al aviso que había recibido Clouthier, no salían de su sorpresa. Apenas terminado el informe buscaron eludir como pudieron a la prensa que los acosaba para conocer su opinión, apenas balbucearon algunas palabras de sorpresa y rechazo. Manuel J. Clouthier no pudo dejar de comentar, al abandonar el Palacio Legislativo: "No entiendo; cada vez que el gobierno pretende resolver una situación de conflicto, opta por el camino fácil de ahogar las libertades. Nunca se define por el lado de dar mayor responsabilidad a la población". Por su parte, el dirigente de los banqueros, Carlos Abedrop, respondió a la prensa: "Considero que las medidas anunciadas por el señor Presidente agravan la crisis económica actual del país, y no ayudan a resolver ningún problema esencial. Por otra parte, las apreciaciones hechas por el señor Presidente sobre la banca privada las encuentro injustas e infundadas".

Cuando un periodista le gritó que se les acusaba de traidores, respondió que "la conducta de la banca privada ha sido patriótica y solidaria con los más altos intereses del país y de ello ha dado abundantes pruebas. Por otra parte, como mexicano discrepo del diagnóstico de la crisis que ha hecho el señor Presidente y, finalmente pienso que México superará esta crisis y seguirá su camino ascendente a pesar de todos los errores que se han cometido."

Luego se reunieron para definir las estrategias. La CONCANACO y la COPARMEX, presididas por Emilio Goicoechea y José María Basagoiti condenaban la medida y se pronunciaban por repudiarla. Los banqueros también estaban en contra, pero se proponían justificar su actuación ante la sociedad y una defensa moderada de corte jurídico. Las opiniones iban y venían. No era fácil llegar a un acuerdo. Desde luego, no faltaban voces tranquilizadoras, disciplinadas, que buscaban evitar cualquier choque o confrontación con la autoridad.

Los distintos criterios respondían a concepciones diferentes del quehacer empresarial y de su relación con el gobierno, así como de los intereses en juego ante dicha circunstancia. También hubo quienes, como el presidente de CONCAMIN, Alfonso Pandal Graf, que era beneficiario de una concesión forestal que estaba por caducar y cuya renovación dependía de la gracia discrecional del gobierno, se mostraron serviles al Presidente. No había concluido el día cuando estaba informando en Presidencia de la República lo tratado en la reunión de los dirigentes del CCE. Así trabajó la renovación de su concesión en Oaxaca, que efectivamente le fue concedida en los últimos días del sexenio, premiando sus servicios. Quizá su conciencia y la sospecha fundada en los hechos de su turbia actuación, obligaron a Alfonso Pandal Graf a promover el libro *Memorias de un dirigente empresarial*[81], en donde da su versión de los hechos. Explica que al interior de las organizaciones empresariales hubo dos corrientes de opinión sobre la expropiación. Una, "la casi unánime" en expresión de Carlos Abedrop, que quería protestar por el atropello al estado de derecho, y a la que Pandal calificaba de acción irresponsable que buscaba el enfrentamiento, y por la otra parte las organizaciones que "buscaron no agravar la crisis" y querían la conciliación, con el supuesto intento de evitar que los daños fueran mayores para el sector privado y el país.

Pandal ubica del lado de los conciliadores a la CONCAMIN, presidida e interpretada por él, la CANACINTRA, asiento de lo que el sistema calificaba como empresarios "nacionalistas", la CANACO de la Ciudad de México y a los propios Banqueros.

Comentando el libro en su presentación, el 19 de marzo de 2003, Carlos Abedrop, quien vivió de cerca toda esta problemática como dirigente entonces de los banqueros, corrigió a Pandal Graf:

> "Creo que te equivocas, le dijo, con la Cámara de Comercio de México. Te recuerdo que el 27 de octubre de 1982, en la cena de entrega de la Medalla al Mérito Empresarial, a la que tú asististe en la Hacienda de Los Morales, los invitados

---

[81] Contreras Montiel, Enrique, *Alfonso Pandal Graf: el México que he vivido. Memorias de un dirigente empresarial*, Miguel Ángel Porrúa, México, 2003.

de honor fuimos los banqueros expropiados a quienes en mi persona se premió con la Medalla. Consciente Fernando Marina Janet (Presidente de CANACO) del impacto político que representaba exaltar a los banqueros privados en aquel momento, comunicó la iniciativa como acuerdo de su Consejo al CCE. Invitó a todos sus miembros a que asistieran, como lo hicieron, para dar mayor relevancia al evento."

Según Abedrop se trató de un acto valiente de Fernando Marina y el consejo de la CANACO y, efectivamente, tuvo un gran impacto "y se insertó al memorable movimiento de protesta del sector empresarial que se denominó 'México en la Libertad' que con admirable arrojo y valentía encabezaron Manuel J. Clouthier (CCE), Emilio Goicoechea (CONCANACO) y José María Basagoiti (COPARMEX)". Este juicio resulta, sin duda, la mayor condena que se pueda hacer a Pandal, pues toda su actuación se orientó a hostilizar a esos tres dirigentes e intrigar contra ellos en los círculos gubernamentales.

Pandal no fue el único esquirol en el sector. Pocos días más tarde, el 14 de septiembre, se apersonaron en Los Pinos los integrantes de la Asociación Mexicana de Casas de Bolsa, para expresar el apoyo del sector bursátil a López Portillo. En respuesta, el mandatario contestaba cínicamente que les acababa de quitar de enfrente un sector hostil. Aplicaba el Presidente la estrategia maquiavélica: divide y vencerás.

Una de las ventajas para la Asociación Mexicana de Bolsa en 1983, fue que pasaron a ocupar el lugar de los banqueros en el Consejo Coordinador Empresarial, el cual había resentido la pérdida de las cuotas de la banca, reflejadas en el déficit de 2.3 millones, a pesar de la reducción de los gastos, y que ya ascendía a 3.5 millones en el primer semestre del 94. El CCE había dado la batalla ante Miguel de la Madrid para que no hubiera intromisión gubernamental en el sector –con excepción de Casa de Bolsa Somex- y por iniciativa de Carlos Slim, la Asociación entregó cincuenta millones de pesos para la constitución de un fondo patrimonial para el Consejo.[82]

Desconcierto empresarial

Los empresarios de todo el país recibieron la noticia como un balde de agua helada. ¿Qué efectos tendría la medida en el modelo económico o en el desarrollo de las empresas, conociendo la lenidad de muchos funcionarios públicos, la corrupción en el manejo de los recursos y la parcialidad de las autoridades? Los defensores de la economía de mercado inmediatamente repudiaron la acción gubernamental. Escritores como Luis Pasos y Edgar Mason, la condenaron públicamente.

Los medios de comunicación y los izquierdistas ubicados en ellos se convirtieron en aliados del Presidente y aplaudieron sistemáticamente su decisión. No sólo eso, sino que la manipulación de los hechos, la deformación de pronunciamientos y el silenciamiento de las inconformidades fue notorio en los medios. Esos momentos constituyen la hora más oscura de la sumisión y falta de libertad en la mayoría de los medios de comunicación. No en balde habían sido domesticados durante años.

Esta deformación informativa provocó que los organismos empresariales se constituyeran en centros de orientación a los empresarios de todo el país. De inmediato se organizaron reuniones de las cámaras, sindicatos patronales, asociaciones e instituciones para analizar lo ocurrido, evaluarlo y tomar decisiones.

La confederación de Cámaras Nacionales de Comercio llamó a reunión urgente en la Ciudad de México. El hotel Presidente Chapultepec fue la sede de una agitada reunión privada donde se acordó combatir la decisión presidencial. Los ánimos estaban caldeados. Los dirigentes de las Cámaras acudieron a sus ciudades para informar lo tratado. La CONCANACO estaba en pie de guerra.

Otro tanto ocurría en la Confederación Patronal de la República Mexicana (COPARMEX), donde los dirigentes de los Centros

---

[82] Cfr. Calderón, Op. cit., p. 75.

Patronales de todo el país se pronunciaron en contra de la medida presidencial y levantaron la voz. Se realizaron algunos paros empresariales efímeros, a los que se opuso Clouthier, por considerarlos ilegales. En cambio, durante una reunión con los banqueros en el restaurante Fouquets, ofreció realizar una magna asamblea con 12 mil empresarios en la Arena México. Los banqueros se opusieron, pues temían que con ella el gobierno se radicalizara aún más y tenían confianza en que el Presidente de la Madrid actuaría con justicia. Confiaban en la defensa legal, en recibir una indemnización y la devolución de los activos no bancarios.

Hay que recordar que en ese golpe de mano, el Gobierno no sólo se quedó con la banca sino con un conjunto de empresas propiedad de los bancos. Los estatizantes que se frotaban las manos gozando por anticipado la administración de esos bienes se quedaron con un palmo de narices en el caso de Banca Cremi, pues pensaban hacerse de las empresas del Grupo Bailleres pero, a diferencia de otros casos, éstas no estaban vinculadas al banco. Quienes pretendieron llegar a tomar posesión de esas empresas tuvieron que salir con la cola entre las patas.

Los dirigentes empresariales no salían de su asombro, pues aunque estaban conscientes de la política intervencionista de López Portillo, no daban crédito a que quien al inicio de su gobierno parecía corregir la hostilidad echeverrista, asumiera ahora una acción tan radical que ponía en manos del Gobierno el sistema crediticio y financiero del país. Los líderes empresariales del CCE se reunían una y otra vez en la búsqueda de una estrategia para hacer frente a la crisis, pero no lograban unidad de criterio.

Finalmente, el CCE publicó un desplegado de protesta que tuvo poco eco en radio y televisión, pero que en cambio provocó un alud de injurias por parte de los políticos.

Clouthier se entrevistó con el presidente electo, Miguel de la Madrid, quien dijo no poder hacer nada hasta la toma de posesión, pero advirtió que "en la historia de México los pasos revolucionarios son irreversibles". Pidió serenidad porque radicalizar posiciones era amarrarle las manos.

Los banqueros publicaron el 5 de septiembre un desplegado para definir su posición:

"Los miembros de la Asociación de Banqueros de México, en forma solidaria, hacen suyos los conceptos expresados por su presidente, don Carlos Abedrop Dávila, en el sentido de que son 'injustas e infundadas' las apreciaciones que hizo el señor Presidente de la República, sobre la Banca Privada en su VI Informe de Gobierno. "Los banqueros privados mexicanos, afirmamos como grupo, que nuestra conducta profesional ha sido siempre patriótica y solidaria con los más altos intereses del país. Así lo prueban décadas y décadas de actuar y tantas y tantas obras positivas como factor fundamental del desarrollo de México.

"No opondremos resistencia alguna a la entrega de las instituciones, y por el contrario colaboraremos en todo lo que esté a nuestro alcance para reducir los daños que este suceso pueda producir, puesto que estamos conscientes del alto valor que tiene el eficaz funcionamiento del sistema bancario para el país. Declaramos, sin perjuicio de lo anterior, que ejerceremos los recursos legales que conforme a derecho están a nuestro alcance para la defensa de nuestros intereses.

"Estamos totalmente de acuerdo en que las salidas masivas de capitales al extranjero, han dañado por igual al país y a nuestras instituciones, al limitar nuestra capacidad para financiar el desarrollo nacional. "Reiteramos que nunca estuvimos a favor de tales salidas de capital. Pero es indispensable aclarar que siempre actuamos dentro de los marcos que fijaban nuestras leyes en materia de libertad cambiaria y de movimientos de dinero.

"Obramos siempre por decisión de los ahorradores, dueños de los recursos que teníamos en custodia. No sólo eso, sino que siempre dimos instrucciones precisas a nuestro personal para que por ningún motivo alentara tales movimientos aun siendo lícitos, y por ello es injusta la acusación que se nos hizo.

"Manejamos este tipo de operaciones exactamente en la forma en que lo hicieron la banca mixta o la banca oficial, evitando hasta donde pudimos mayores males a la Nación.

"Hay pruebas de sobra en cuanto a que el sistema bancario siempre fue reconocido, dentro y fuera de nuestras fronteras, por su solidez y por su capacidad técnica, citándose con frecuencia como ejemplo de una banca bien administrada. Así laboramos y prosperamos, a la par que México, llevando servicios y fecundando hasta el último rincón del suelo mexicano con cuatro mil eficientes oficinas.

"La prueba más fehaciente es la larga y sostenida historia de desarrollo auténtico de México, que nunca se hubiera logrado con un sistema bancario fincado en principios de egoísmo y pequeñez. "Todo México entiende perfectamente que la banca privada hubiera acatado sin titubeos cualquier modificación a nuestro marco jurídico, así se tratara de llegar al extremo del control de cambios.

"Así sostenemos que de ningún modo era necesario tomar la grave decisión de estatizar la banca privada. En resumen los miembros de la Asociación de Banqueros de México:

"* Consideran injusto que se les recrimine cuando lo que hicieron fue cumplir con sus labores y responsabilidades dentro del marco jurídico establecido.

"* Afirman que han sabido cumplir en forma adecuada con la misión que les asignó la sociedad mexicana.

"* Nunca promovieron la acción de quienes, dentro de la ley, contribuyeron en alguna forma a la fuga de capitales, que afectaba a los mismos bancos en su actividad de financiamiento.

"* Aclaran que siempre estuvieron en la mejor actitud de acatar todas las disposiciones legales, incluyendo el control de cambios, si así se hubiese dictado.

"* Expresan su reconocimiento por la confianza que

depositó en ellos sin reservas y durante tantos y tantos años, una numerosa clientela nacional y extranjera.

"A nuestros colaboradores y amigos:

"Creemos que nuestra posición es clara y justa: defender nuestras instituciones conforme a derecho, sin perjuicio del esfuerzo que empeñaremos para evitar las inconveniencias que la medida expropiatoria pudiera tener.

"Estamos convencidos de que el personal bancario, consciente de la trascendencia de los servicios que presta a la economía del país estará en su puesto en este difícil momento. Exhortamos a nuestros colaboradores y amigos, empleados y funcionarios de los bancos, a continuar desempeñando sus labores en el mismo elevado sentido del deber y con la eficiencia profesional con lo que lo han hecho por convicción y por tradición, muchos a lo largo de toda una vida."

El llamado que los banqueros hacían a sus colaboradores no era ocioso, pues no pocos estuvieron tentados a renunciar, y en atención a esa solicitud –calificada por algunos como el síndrome del Puente sobre el Río Kwai- se mantuvieron en sus cargos para la transición, separándose voluntariamente de los mismos posteriormente. Otros fueron eliminados para dar cabida a los cuadros burocráticos que llegaron a la banca con los funcionarios designados para hacerse cargo de ellos.

Las juntas del CCE no avanzaban. Manuel J. Clouthier, Emilio Goicoechea Luna y José María Basagoiti eran partidarios de hacer frente, públicamente, a la estatización, convocando al empresariado de manera pública para informar, analizar la gravedad de la acción e invitar a una resistencia que llevara a revertir este suceso. Los otros dirigentes no se unían a la propuesta, ya fuera por preservar intereses, por estrategia en beneficio particular, por temor o por complicidad con el sistema político autoritario que coronaba su arbitrariedad con ese hecho.

Se gesta la impugnación

Todos los empresarios se preguntaban por qué había ocurrido la estatización y cuál sería el futuro del sector empresarial. Y aunque el CCE aún no tomaba una decisión, se convocó a una reunión en el IPADE para escuchar análisis políticos y económicos, la opinión de los disidentes y tomar decisiones.

Encabezaron la reunión José María Basagoiti, Emilio Goicoechea y Alfonso Pandal Graf. El diagnóstico era el mismo: avanza la estatización de la economía, se pierden libertades. Uno de los oradores reclamó la tolerancia a las intervenciones de los últimos años contra los propietarios de autobuses, contra los armadores camaroneros, la expropiación de Mexicana de Aviación y de los "Mexdólares". Frente a todo ello, la empresarial respuesta había sido el silencio y el sector había reculado. Pandal Graf, indignado, pedía que callaran al orador mediante nota que pasaba a quien presidía la mesa.

Manuel J. Clouthier publicó un desplegado repitiendo aquella famosa frase que COPARMEX dirigiera en su tiempo al Presidente Adolfo López Mateos: "¿A dónde vamos Señor Presidente?" Denunciaba que en el Informe se habían dicho verdades a medias y no se admitían errores, buscando un chivo expiatorio.

En Yucatán también se hacían pronunciamientos y recordaban que en las pasadas elecciones los votos por los partidos de izquierda habían sido mínimos y eran ellos quienes sostenían como una de sus banderas la estatización de la banca, "nosotros preguntamos ¿con qué autoridad moral la clase gobernante lanza al país a una estatización tan grave si los partidos que abogan por esta medida son los que perdieron simpatizantes en las pasadas elecciones?" De allí se concluía que "la pérdida de la libertad económica es el camino que lleva a la cancelación de muchas otras libertades que son la esencia de una democracia".

"Estamos en contra de la estatización, porque la experiencia histórica reciente nos ha demostrado que todo proceso de estatización lleva al totalitarismo y éste significa destrucción de la democracia y de las libertades del hombre."

Por su parte, la Federación de Cámaras Nacionales de Comercio, Servicios y Turismo y del Pequeño Comercio del Estado de Veracruz, publicó un desplegado en el cual repudiaba la estatización mediante un decreto que ni siquiera fue puesto a la consideración del Estado de Veracruz, afirmando que esa acción se trataba de un hecho sin precedente en la historia de México.

"Sistemáticamente nuestros gobernantes han hecho exactamente lo contrario de lo que prometieron hacer y han realizado acciones expresamente descartadas anteriormente por inconvenientes a la sociedad. Por esta experiencia, por este engaño sistemático, no creemos en lo que ahora se afirma como explicación o acciones en torno a las nuevas medidas", afirmaban.

Con la expropiación, decían las cámaras, no se resolvió el problema económico del país, pero se ingresa al populismo financiero, aumentando los niveles inflacionarios.

"Por otra parte el gobierno ha usado sus medios de comunicación para amenazar a aquellos que están en contra de las medidas adoptadas.

"Igualmente se ha intimidad a nuestros líderes nacionales que valientemente han defendido las libertades de México".

El mensaje cerraba de esta manera:

"Como mexicanos seguiremos luchando por nuestras libertades y no claudicaremos ante nadie que se oponga.

"Sólo sabemos arrodillarnos ante Dios."

Resultaría prolijo reproducir aquí los innumerables desplegados que aparecían en los diferentes puntos del país: los organismos empresariales de Nuevo León, hicieron un análisis de 14 puntos y reiteraban que las medidas del primero de septiembre "implican una pérdida de libertades del pueblo mexicano que durante décadas ha acudido a la banca en números crecientes en muestra de la confianza que le teníamos".

Otras voces disidentes

Aunque la mayoría de los medios de comunicación asumieron una actitud servil y sumisa, no faltaron espacios para voces disidentes, por lo que hubo quienes expresaron críticas a la estatización de la banca, no sólo en su significado económico, sino también jurídico. El abogado Ignacio Burgoa, doctor en derecho, maestro emérito de la UNAM y experto en amparo, escribió un artículo en primera de Excélsior, exponiendo las violaciones legales en que había incurrido el Presidente López Portillo. Entre otras cosas, explicaba que el servicio de la banca y el crédito lo debería prestar el Estado y que su desempeño por instituciones no estatales era una concesión, de allí que resultaba lógico que ahora se pretendiera que lo desarrollara íntegramente la entidad estatal.

> "Sin embargo, este objetivo se pretende realizar por medio de un instrumento jurídicamente inadecuado, como es la expropiación del patrimonio de los bancos privados... A nuestro entender, para lograr el aludido propósito hay otros medios idóneos para establecer un estricto control sobre las actividades de todas las instituciones bancarias que autoriza la legislación mexicana. La falta de idoneidad del acto expropiatorio a que nos referimos resulta de la inconstitucionalidad del decreto presidencial que lo contiene."[83]

A continuación señaló que para que exista la utilidad pública que es condición sine qua non para la expropiación, se requería que no solamente se invoque por la autoridad expropiadora, sino que ésta debe acreditar la causa respectiva en cada caso concreto que se trate. No basta la simple aseveración del órgano estatal que expropia, sino que éste tiene la obligación de demostrar y justificar que la causa que aduzca como fundamento de la expropiación existe y opera en la realidad.

---

[83] Burgoa, Ignacio, *Expropiación Bancaria*, Excélsior, 3 de septiembre de 1982.

Burgoa rechazó en su exposición, que la supuesta fundamentación del decreto expropiatorio en afirmaciones como la obtención de ganancias por parte de los banqueros; la creación de fenómenos oligopólicos con dinero aportado por el público general; el que no se hiciera llegar crédito oportuno y barato a la mayor parte de la población, o que la crisis económica que vivía el país se hubiera agravado por falta del control directo del sistema crediticio, fueran argumentos legítimos de utilidad pública, de acuerdo con la Ley de Expropiación. No sólo eso, sino que pasó a refutarlos uno por uno. En particular llama la atención respecto a que de ser ciertos los actos imputados a la banca, se trataría de un incumplimiento de la vigilancia y de los deberes de la Comisión Nacional Bancaria, la Secretaría de Hacienda y el Banco de México, pues estos eran órganos regulatorios de dicha actividad.

También advirtió que en la ejecución del decreto expropiatorio no se cumplió con el artículo 7o. de la Ley de Expropiación, al ordenarse la posesión inmediata de las instituciones expropiadas y de los bienes que las integran.

"En resumen, redondea Burgoa en su exposición, consideramos que para la realización del propósito nacionalista que persigue el decreto expropiatorio de la banca privada expedido por el Presidente López Portillo no era necesaria la expropiación que ordenó, pues si se pretende, con toda razón, que todas las instituciones crediticias del país ejerzan sus actividades en beneficio colectivo y en bien de México, tanto la Secretaría de Hacienda como el Banco de México y sobre todo la Comisión Nacional de Bancaria tienen amplísimas facultades legales para obligar a las entidades bancarias no estatales a cumplir con dichos fines sociales."

Por su parte, Margarita Michelena comentaba en el mismo diario, el 7 de septiembre, la irresponsable forma de designar funcionarios bancarios impreparados. Criticaba "las infinitas manifestaciones de apoyismo de los gobernadores lambiscógrafos - no pocos de entidades paupérrimas- lanzaron, en calidad de repulsivos pebeteros, a propósito de la nacionalización de la banca", utilizando recursos públicos en días de austeridad.

La escritora salió en defensa de la prueba de amor y admiración filial manifestados por Amparo Espinosa de Serrano, hija de Manuel Espinosa Iglesias, director de Bancomer, en su desplegado "Testimonio de una hija" y que fuera criticado por Leonardo French en su participación en el programa de Sábados del 13, con Saldaña.[84] Otro disidente destacado fue Luis Pazos, quien elaboró un análisis acerca de los autores intelectuales de la medida: Carlos Tello Macías y José Andrés de Oteyza. Entonces escribió:

> "No sabemos a ciencia cierta si el Presidente López Portillo es marxista-leninista, pero las políticas que ha instrumentado y varios de sus actuales colaboradores son de tendencias marxistas-leninistas.

> "Hace poco el licenciado Carlos Tello Macías, actual director del Banco de México, señaló que la "nacionalización de la banca" no es un paso al socialismo; sin embargo, al analizar su libro "México la disputa de la Nación" que escribió junto con Rolando Cordera, diputado del Partido Socialista Unificado de México, anteriormente Partido Comunista, recomienda un programa para México que llama 'proyecto nacionalista', y que en el fondo es el mismo programa del partido comunista".

> Y concluye: "Y es por ello que señalamos, independientemente de que los señores banqueros estén de acuerdo en entregar sus propiedades al Estado o que algunos líderes empresariales apoyen la medida, que la nacionalización o estatización de la banca va contra los intereses nacionales y no corresponde a los postulados de la Revolución Mexicana, sino al plan de un grupo de marxistaleninistas para llevar a nuestro país a un capitalismo

---

[84] Cfr. Michelena, Margarita, *Palo Dado*, Excélsior, 7 de septiembre de 1982.

monopólico de estado o totalitarismo socialista".[85]

Luis Felipe Bravo Mena escribió en la revista Decisión[86] un artículo en el que sostiene que la expropiación fue más una maniobra política que un acto económico. Contrastó el discurso maduro de López Portillo en Cancún, donde reconocía su responsabilidad, con el recuperado tono prepotente del Informe, donde expresó: "No vengo aquí a vender paraísos perdidos, ni a buscar indulgencias históricas." "Con toda honestidad intelectual, vengo a cumplir con un compromiso elemental: decir la verdad, la mía. Es mi obligación, pero también mi derecho".

En su análisis, Bravo Mena afirma que el mensaje autojustificatorio del informe y la defensa de su política económica, llegó hasta las lágrimas "para convencer al jurado, que es la opinión pública". Pese a lo que el mandatario afirma de su correcta política económica, la culpa sería, por una parte, de la crisis internacional, que afectó a la economía interna, y, por la otra, la pérdida interna de la confianza en el peso donde los villanos fueron ¡los banqueros!, traidores y malos mexicanos, por lo que los castiga y llama a crucificarlos.

La estrategia discursiva sería, según Bravo Mena, clara:

"Si un Presidente que devalúa se devalúa, un Presidente que expropia, entra en la historia como héroe. Así, el zócalo de la capital de la República y las plazas centrales de las capitales de los Estados, se llenan de multitudes enfervorizadas, apoyando una mal llamada nacionalización de la banca y pidiendo estatuas y arcos de triunfo para José López Portillo. El entregará a su sucesor un país con la crisis económica más profunda y grave de su historia, pero será héroe nacional. Los culpables son los banqueros."

El analista dejó en el aire saber si el alegato presidencial resistiría el juicio de la historia y si su sucesor avalaría su actuación, lo dejó al

---

[85] Pazos, Luis, Los Autores Intelectuales de la Estatización de la Banca, Revista Decisión, Año IV, No. 44, Octubre de 1982, p. 24.

[86] Revista Decisión, Año IV, No. 44, Octubre de 1982, pp. 25 y sig.

tiempo. Sin embargo, da una interpretación adicional a la decisión presidencial, como un brusco viraje estratégico-ideológico, al anunciar que la revolución rompía tabúes, se liberaba de temores y aceleraba su paso. "Nuestras decisiones pendientes podrán tomarse".

Del contenido del mensaje presidencial, Luis Felipe Bravo extrae la interpretación de que la estatización de la banca: "Se trata con toda claridad de una declaratoria de guerra al sector privado del país".

"A nuestro juicio -agregaba- el Presidente ha sido víctima de un engaño, pues la estatización era innecesaria, pues el gobierno tenía un gran control sobre la banca y tenía medios para aumentarlo, sin necesidad de llegar a una medida que concitaría toda la inquietud y descontento que se provocó en el empresariado nacional. No se trataba, por tanto, de medidas para resolver un problema económico, sino de una maniobra concebida por funcionarios de alto nivel, partidarios de la implantación de un modelo socialista en México, ofreciéndole un cambio de ruta como la solución a los problemas del país. "Lo persuadieron de que radicalizando hacia la izquierda su gobierno pasaría la dura prueba histórica que enfrentaba".

Por su parte, el abogado Rigoberto López Valdivia publicó por su cuenta, en El Heraldo de México, un desplegado en el cual también analizó los supuestos fundamentos legales de la expropiación y coincidió con Burgoa en la inconstitucionalidad de la acción.

Para los creyentes en la economía de mercado, la acción de López Portillo era una señal de alarma. El país se inscribía en la corriente de la democracia social o social demócrata que veía en el dominio del Estado sobre la economía el modelo futuro para el país. De hecho, en el seno del PRI se habían manifestado dos corrientes dominantes: los nacional revolucionarios y los socialdemócratas. Los exponentes de esas corrientes habían aflorado en tiempo de Luis Echeverría y su manifestación más clara se dio en la pugna entre Carlos Sansores Pérez, presidente del PRI, impulsado por Enrique Ramírez y Ramírez, ex director del periódico izquierdista El Día y ex discípulo de Vicente Lombardo Toledano, y Rodolfo González Guevara, entonces líder de la diputación priista en la Cámara de Diputados.

Con diferencias de matices y métodos, ambas corrientes respondían a proyectos socializantes que en esos años tomaban fuerza a nivel internacional, particularmente gracias al impulso que, como ya señalé, desde Europa daba la Internacional Socialista encabezada entonces por Willy Brandt. Con una u otra corriente, la estatización era una evolución de lo que entonces se definía como una economía mixta. México avanzaba hacia una social democratización a la mexicana, en la cual habría socialización, pero no democracia.

Frente a esta ola izquierdista, las voces que advertían sobre dicho peligro se ubicaban en el CCE, particularmente en el Centro de Estudios Económicos del Sector Privado y el Centro de Estudios Sociales, pero lo mismo habían señalado CONCANACO y COPARMEX.

Otro evento muy importante, que habría de influir en la decisión de la estrategia a desarrollar, fue el encuentro empresarial convocado por el Consejo Coordinador Empresarial de Puebla en el Hotel Mesón del Ángel, donde expositores como Manuel Díaz Cid y Gerardo Pellico, coincidieron con los análisis realizados en el IPADE.

La defensa jurídica

Mientras tanto, los banqueros no permanecían ociosos. Convencidos de la arbitrariedad de la decisión presidencial, opuestos a confrontaciones que pudieran endurecer la decisión presidencial, decidieron actuar por la vía jurídica, a pesar de las evidencias del sometimiento del Poder Judicial al Presidente en casos críticos como éste. Pensar que la Suprema Corte y sus jueces pudieran actuar contra una decisión del poder omnímodo del Presidente, con sus facultades "meta constitucionales", era un tanto ingenuo, si no iluso, pero con ello los hombres del dinero daban testimonio de oposición por la vía de los cauces legales y propios que funcionan en un país democrático y de separación de poderes, con Estado de Derecho, pero México no era ninguna de las tres cosas.

Quizá también creían que dado que el autor del desaguisado estaba a punto de dejar el poder y de acuerdo con la interpretación que hacían de las expresiones corporales, más no verbales, de Miguel de la Madrid, él estaba en desacuerdo con la estatización. Confiaban en que pudiera dar instrucciones a los jueces para que dieran marcha atrás a la confiscación bancaria.

Ignacio Burgoa creyó que con su artículo en Excélsior se habría ganado el favor de los banqueros y el contrato para defenderlos, pero no fue así. Los elegidos fueron los abogados Ramón Sánchez Medal y José Vicente Aguinaco Alemán, ambos de gran calidad profesional e independientes. El primero se había destacado en el ámbito de los derechos civil y mercantil, así como en la sociedad civil como Presidente de la Unión Nacional de Padres de Familia. Más tarde fundaría la Comisión Mexicana de Derechos Humanos, A. C., antes que la Comisión Nacional, y el segundo llegaría posteriormente a la Suprema Corte de Justicia de la Nación.

El documento que elaboraron es una joya jurídica que causó gran y grato impacto social. Pero lejos de que su conocimiento sirviera para desalentar la protesta social, en realidad echó gasolina al fuego, pues junto con lo que había escrito Burgoa, sirvió para reforzar la certeza de que la expropiación del Presidente López Portillo fue un acto autoritario e ilegal, consecuencia de su incapacidad para administrar los recursos del Estado, dilapidándolos y gastándolos frívolamente, y de la existencia de un régimen de dictadura sexenal hereditaria que generaba lo que Mario Vargas Llosa calificara como "dictadura perfecta".

El 22 de septiembre de 1982, los abogados ya señalados, junto con José Ramón Sánchez Medal Urquiza y Fabián Aguinaco Bravo, interpusieron una solicitud de amparo, ante los Jueces 1° y 4° de Distrito en Materia Administrativa en el Distrito Federal, en contra de la denominada "nacionalización de la banca". Lo hacían a nombre de todas las instituciones bancarias, que designaron al Banco del Atlántico como representante común.

El amparo se interponía en contra de la Ley de Expropiación de 26 de noviembre de 1936, emitida por el Presidente Lázaro Cárdenas; en contra del Decreto que establece la nacionalización de la Banca Privada del 1º de septiembre; del Decreto del 6 de septiembre por el que se disponía que las instituciones de crédito expropiadas operaran con el carácter de Instituciones Nacionales de Crédito; del refrendo que los miembros del Gabinete hicieron del Decreto de "nacionalización" y el del 6 de septiembre. Se excluía como autoridad al Secretario de Hacienda, en el segundo caso, pues no lo firmó.

Con la petición de amparo reclamaron "el desconocimiento, la invalidación, retiro o transmisión de los derechos emanados de la respectiva autorización o incorrectamente llamada concesión que emitió la Secretaría de Hacienda y Crédito Público a favor de las sociedades quejosas para prestar al público el servicio mercantil de banca y crédito"; a la Secretaría de Hacienda se le reclamaba la ejecución de los dos decretos, así como las ocupaciones y tomas de posesión de todos y cada uno de los bienes que integraban o se encontraban dentro del respectivo patrimonio de las quejosas, y en las cuales se pretendió tomar posesión de las acciones representativas del capital de los bancos, a pesar de no haber sido expropiadas, y, finalmente, todos los efectos o consecuencias que se derivaran o pudieran derivarse de los actos reclamados.

Invocaban las violaciones al artículo 13 constitucional, en cuanto a la garantía de igualdad, pues fueron excluidos de la expropiación la banca mixta, el banco obrero y el único banco extranjero que operaba en el país: el City Bank; al artículo 14, en cuanto a las garantías de audiencia, de legalidad y de juicio previo; al artículo 16, relativo a la garantía de la debida fundamentación y motivación de los actos de autoridad competente; al artículo 21, en cuanto que reserva a la autoridad judicial la imposición de penas; al artículo 22, en cuanto prohíbe la pena de confiscación de bienes, y al artículo 27, en cuanto garantiza la propiedad privada.

El estudio, elaborado en menos de un mes, expone ampliamente irregularidades como el hecho de que las concesiones bancarias eran "por su propia naturaleza intransmisibles"; la pretensión de apoderarse de patrimonio propio y ajeno que no eran directamente necesarios para dar el servicio de la banca, y la toma de posesión a puerta cerrada o de tipo virtual, sin inventario, de los bienes expropiados o de las mismas acciones.

Cabe destacar que en el amparo se menciona, como en su momento lo hiciera Ignacio Burgoa, el hecho de que la banca operaba dentro del marco legal definido para ella y de acuerdo con las directrices de la Secretaría de Hacienda y de la Comisión Nacional Bancaria, por lo cual no había elementos para actuar en contra de la banca como se había hecho.

El documento realiza una amplia exposición respecto de la inconstitucionalidad de la Ley de Expropiación, en la cual se violan, entre otras, las garantías de audiencia.

En cuanto al artículo 27 indicaban violaciones al párrafo VI, al no haberse cubierto el plazo allí señalado para la toma de posesión de los bienes y la ausencia de la necesaria orden judicial para ello. Tampoco se estableció el modo como serían indemnizados los bienes de los bancos.

El alegato se complementaba con una exposición adicional de defensa, aún en el caso de que se considerara constitucional la Ley de Expropiación.

Constitucionalización de la arbitrariedad

La solidez del documento seguramente alarmó al Presidente y a los mismos jueces que tendrían que resolver el caso. El sistema judicial había sido puesto contra la pared y a prueba a los ojos de México. Para evitar que lo declarado "irreversible" se viniera abajo, el Presidente envió al Congreso, a ése que sumisamente había aplaudido la arbitrariedad, una reforma al artículo 28 constitucional, para institucionalizar la banca estatizada.

El Congreso de la Unión respondió con una celeridad inusual, al igual que los congresos de los Estados, en el denominado "constituyente permanente", y el 16 de noviembre decretó reformas a los artículos 28, 73 y 123 de la Constitución, publicándose la reforma en el Diario Oficial de la Federación al día siguiente. Les corría prisa.

Esta reforma estableció que el servicio público de la banca y crédito sería prestado exclusivamente por el Estado, en los términos que estableciera la Ley reglamentaria. Categóricamente definía que el servicio público de la banca y crédito no sería objeto de concesión a particulares.

Modificada la Constitución, el amparo interpuesto perdía sustento, por lo que Jesús Silva Herzog, secretario de Hacienda, pidió el 19 de noviembre el sobreseimiento de dicho juicio. Ya no había violación a la Constitución. Implícitamente se reconocía con ello que antes sí la había.

La "chicanada" desde el Poder fue evidente, pero no pasó desapercibida. El 10 de noviembre, antes de la promulgación de la reforma, la Barra Mexicana-Colegio de Abogados había publicado un desplegado en El Universal, enumerando la violación de 15 artículos de la Constitución el 1 de Septiembre, así como la inconstitucionalidad de la reforma que se había llevado al Congreso, pues la Carta Magna establecía en su artículo 135 que para ser reformado el documento jurídico fundamental del Estado Mexicano existía como límite el respeto a sus principios esenciales y aspectos básicos, como son la forma republicana, democrática y representativa de gobierno, el régimen federal, la división de poderes y los derechos de libertad de trabajo, de creencias y el de propiedad, entre otros, pues ello llevaría a la estructuración de otro tipo diferente de régimen jurídico-político, y eso era lo que estaba ocurriendo.

Dicho desplegado concluía con la reflexión de que "el simple hecho de que se inicie una reforma[87] constitucional por el propio

---

[87] Cfr. Revista Decisión, Año IV, No. 46, Diciembre de 1982, PP. 18 a 20.

autor de los mencionados decretos, con la pretensión de convalidarlos, demuestra la inconstitucionalidad de los mismos."

Más adelante Ramón Sánchez Medal presentaría un amparo contra dicha reforma, pero por supuesto no logró su objetivo.

Amparo contra los mexdólares

En el contexto de la crisis, el Gobierno, con el afán de enfrentar la carencia de divisas, había establecido hasta tres paridades. Pero nada impidió su insolvencia. Como había permitido a los mexicanos ahorrar en dólares en la banca mexicana, ahora no tenía cómo devolverlos. De allí que el control de cambios se viera como una forma de eludir la responsabilidad de reintegrarlos a quien los había dado en custodia. La creatividad priista los llevó a inventar los "mexdólares", una verdadera ficción. Ante ello, un grupo de ahorradores presentó una demanda de amparo el 29 de septiembre, exigiendo que se les devolvieran los dólares ahorrados.

Pese al escepticismo sobre la resolución, nunca falta un garbanzo de libra. La demanda fue aceptada el 4 de octubre y la resolución favorable la emitió el juez Efraín Polo Bernal, quien posteriormente fuera acosado y destituido con el pretexto de impartir clases y cobrarlas. Pero una vez reformada la Constitución, ya no había posibilidad de ampararse.

El "otro" informe

Poco acostumbrados a leer y menos a profundizar en las cosas, solía soslayarse el análisis de los anexos del Informe presidencial, entre los cuales se encontraba el denominado "Informe Complementario". La revista DECISION de la CONCANACO sí lo hizo, contrastando el contenido de ambos documentos, que no parecían responder a la afirmación presidencial pronunciada ante el Congreso:

> "He actuado siempre de buena fe, con total honestidad intelectual. Nunca me propuse ni injusticia, ni daño, ni ofensa, ni fracaso. Nunca supedité el ser al parecer; ni el

hacer al halago o al aplauso. Nunca sacrifiqué la sustancia a la forma, salgo y saldré con las manos limpias de sangre y de recursos mal habidos." Del Informe complementario puede destacarse:

"La política crediticia ha estado apoyada en la banca privada *y mixta, la banca oficial y los fideicomisos de fomento,* principalmente mediante la canalización selectiva del crédito y uso en las tasas de interés preferenciales…"

"Es importante destacar el esfuerzo realizado por la Banca Nacional en apoyo a los sectores prioritarios, ya que el crédito otorgado registró una tasa de crecimiento del 35.5% en el periodo 1977-1981, superior a la observada por la actividad económica en el mismo plazo…"

"A la luz de los anteriores resultados, es fundamental considerar el marco institucional del sistema financiero que ha experimentado modificaciones profundas tendientes a su modernización.

"Se han realizado cambios en la concepción misma de la función bancaria, abandonando el concepto de especialización, creando nuevos regímenes de capital para los bancos, reglas para evitar la concentración excesiva de pasivos y activos, e impulsar sus actividades en el campo internacional. "

"Se ha promovido la penetración y cobertura de la red bancaria, a fin de impulsar un desarrollo regional más equilibrado del propio sistema bancario. A finales de 1982 serán 4 mil 755 sucursales bancarias, cifra superior en 76% a las existentes en 1976."[88]

Lo expresado hablaba de un gran desempeño de la banca durante los seis años de su gobierno, así como de la reforma a la que había hecho alusión el Secretario de Hacienda en la reunión con el Presidente el 12 de julio. El análisis objetivo de los documentos mostraba que al menos en una de las dos versiones el Presidente

---

[88] Revista Decisión, Año IV, No. 45, Noviembre de 1982, pp.34 y 36.

José López Portillo mentía. ¿Dónde estaba la honestidad intelectual?

"México en la Libertad", la respuesta empresarial

Conforme pasaban los días aumentaba la prepotencia gubernamental, la indignación y la preocupación del empresariado crecía conforme se evidenciaba doblez y falsedad en el Presidente. La autoridad había perdido su credibilidad y se reclamaba acción a los organismos empresariales. Sin embargo, los líderes de los organismos integrantes del CCE no lograban un acuerdo. Finalmente, la CONCANACO y la COPARMEX, dos de las cúpulas más grandes y con presencia en todo el país, acordaron realizar reuniones regionales conjuntas donde se analizaría desde distintos enfoques la acción presidencial, así como sus efectos. Considerando que la estatización de la banca se convertía en un atentado a la libertad económica a través del control del mundo financiero y que ello agravaba las limitadas libertades políticas en un sistema autoritario, se acordó denominar a estas reuniones "México en la libertad".

La idea original consistió en realizar un magno evento en la zona metropolitana, convocando a 18 mil empresarios el 24 de septiembre. Sin embargo, esta idea se cambió por reuniones en zonas estratégicas del país y, de preferencia, en localidades donde hubiera fácil comunicación, para que participaran empresarios de varias ciudades y, de ser posible, de diferentes estados de la República. Se requería, también, contar con infraestructura adecuada para un evento numeroso y facilidades de hospedaje. No había mucho tiempo para planear, pues en diciembre tomaría posesión el nuevo Presidente de la República, el licenciado Miguel de la Madrid Hurtado, y era importante que conociera la inconformidad y desacuerdo del sector empresarial con la estatización de la banca oportunamente y presionarlo para revertir esa acción. Las reuniones regionales culminarían con un gran evento nacional que estaba previsto realizar en el Toreo de Cuatro Caminos, para dar cabida al gran número de empresarios que se esperara asistiera a él.

Las ciudades elegidas para iniciar esta movilización fueron: Monterrey, León, Torreón, Mérida, Culiacán y Mexicali. Ya antes se había realizado la de Puebla. Otras ciudades solicitaban ser sedes, pero por la premura del tiempo y por tratarse de una actividad planeada para sólo tres meses -entre el primero de septiembre, y el primero de diciembre, se dejó pendiente la posibilidad de más eventos, de acuerdo con los tiempos que se dispusiera según el calendario definido.

La agenda

Aunque el Consejo Coordinador Empresarial como tal no participaría, se acordó invitar al presidente del mismo, el ingeniero Manuel J. Clouthier. De esta manera, aunque no hubo solidaridad de parte de todos los organismos, la percepción pública, gracias a la forma como manejaban la información los medios de comunicación, dio la impresión de que todo el empresariado salía en defensa de los banqueros.

En contra de la interpretación que se hizo entonces, los dos organismos no asumieron la defensa de los banqueros, pues ni ellos la querían de ese modo ni así se concebía. Lo importante era, por una parte, la defensa de la libertad económica y, por la otra, resaltar que con esa medida tocaba fondo el autoritarismo del sistema priista y que era necesario modificar un sistema político que se daba el lujo de "otorgar derechos", según su interpretación del artículo primero constitucional, y los administraba a su antojo, aflojando o estirando la rienda según sus conveniencias y en razón de la disciplina y fidelidad al sistema.

Se puede afirmar que ante el golpe que representó la estatización del sistema financiero del país, quienes organizaron y respondieron a la convocatoria de México en la Libertad, desafiaban por primera vez, y no sin riesgo, de manera directa al Presidente de la República y no a secretarios de estado, diputados o senadores, ya que fue aquél quien tomó unilateralmente la decisión, obligó a su gabinete a que la firmara y la anunció en la ceremonia de lectura del informe de

Gobierno en la apertura del periodo de sesiones del Congreso.

Conocedores ya de la conformación y lógica del sistema generado a partir de la fundación del PNR y su evolución autoritaria, como resultado de los cursos de liderazgo, los empresarios politizados reclamaban el fin del sistema autoritario y la recuperación de las libertades políticas y económicas. La valerosa respuesta de numerosos empresarios, a los que se sumaron agrupaciones sociales de diverso tipo, se convirtió en un parteaguas, pues se pasaba de la crítica sorda y el desacuerdo privado, a la disidencia pública, directa y clara, que habría de cambiar hacia el futuro no sólo las relaciones del empresariado con el gobierno, sino también el papel que como líderes sociales y políticos habrían de asumir los empresarios en los años siguientes.

Los primeros en percibirlo fueron, sin duda, los propios priistas, seguidos de sus corifeos de la izquierda agrupada en los partidos de ese signo representados en el Congreso. Para dar el grito de alarma lo mismo utilizaron los medios de comunicación que la tribuna del Congreso. Algunos de sus aliados fueron los académicos de izquierda, quienes recurrieron a las tradicionales fórmulas de descalificación, atribuyendo a los empresarios los calificativos de explotadores, derechistas, reaccionarios y lacayos del imperialismo (el mundo vivía las postrimerías de la guerra fría).

La agenda definida para México en la Libertad consistía en una exposición de las causas económicas que derivaron en la crisis que vivía el país; otra enfocada al análisis de las violaciones a la Constitución en que había incurrido el decreto expropiatorio; una más hacía el análisis de la situación en que se encontraba el sistema político mexicano; también una explicación del papel de la sociedad en el Estado y, finalmente, un mensaje a cargo del ingeniero Manuel J. Clouthier, presidente del Consejo Coordinador Empresarial.

La primera reunión empresarial con el nombre de "México en la Libertad" fue convocada en Monterrey, aunque hubo otras más con el mismo propósito antes de que se adoptara esa denominación y algunas posteriores con fines diferentes, pero propósito semejante. La plaza, nacionalmente identificada con el empresariado más agresivo y moderno del país, identificado con el liberalismo económico y aún dolido por el asesinato del líder del Grupo Monterrey, Eugenio Garza Sada, había visto con creciente preocupación la continuidad de las políticas estatizantes iniciadas por Luis Echeverría y continuada por José López Portillo, aunque con estilos diferentes.

Otro factor importante era que los expresidentes de CONCANACO y COPARMEX, Jorge Chapa y José Luis Coindreau, a quienes tocó la última fase del sexenio y el estallido de la devaluación, eran de Monterrey. Ellos habían encabezado la CANACO y el Centro Patronal locales, lo cual les daba facilidad de comunicación con el empresariado y gran liderazgo social.

La reunión fue rápidamente calificada como una confabulación antigubernamental. Alfonso Martínez Domínguez, gobernador en ese momento, afirmó que no había abusos de la autoridad y que el pueblo ya había dado su veredicto. Alejandro Gurza, dirigente de COPARMEX de Torreón, le respondió que el sector empresarial no se confabulaba y únicamente luchaba por defender la Constitución y que el Gobierno respetara y distinguiera los campos de responsabilidad de los dos sectores.[89]

El clima de tensión se evidenciaba no sólo en esas expresiones del lado empresarial. El Editorial de El Financiero del 8 de octubre de 1982, señaló que las reuniones de México en la Libertad se realizaban en un clima de auténtica suspensión de las garantías Individuales y eran respuesta a un genuino deseo de preservar las libertades.

La crisis, fruto de errores gubernamentales

La primera ponencia en Monterrey estuvo a cargo del licenciado

---

[89] La relación de los comentarios periodísticos corresponde al SE*103. *Servicios Especiales del Centro de Estudios Sociales del Consejo Coordinador Empresarial del 15 de septiembre de 1982 al 01 de febrero de 1983.

Francisco Calderón[90], director general del Consejo Coordinador Empresarial, quien afirmó que el origen de la crisis se remontaba a 1970, durante el Gobierno de Luis Echeverría, que derivó en la primera gran crisis y que llevó a tener que adoptar las políticas del Fondo Monetario Internacional durante 1977, con efectos hasta el 78, que atemperó el problema.

Sin embargo, a partir de diciembre del 77 el Presidente cambió radicalmente su política, pues aunque pidió la renuncia a sus secretarios de Hacienda y Crédito Público y al de Programación y Presupuesto -Julio Rodolfo Moctezuma y Carlos Tello, respectivamente-, por tener visiones económicas diferentes, se quedó con las propuestas del segundo, adoptando una política expansionista semejante a la de Echeverría, cuya tesis de fondo era que para acelerar el crecimiento del producto y el crecimiento del empleo, era necesario gastar más de lo que se tenía. Era una política Keynesiana.

Dicha política parecía justificada por el auge petrolero del momento, pues de ser el décimo octavo país en recursos petroleros, pasamos a ser el cuarto. Esto, sin embargo, llevaba a una expansión del circulante y con ello se producía inflación. Si ésta era mayor que la de los demás países, la consecuencia era una pérdida de competitividad internacional que incrementaba las importaciones y disminuía las exportaciones. Se incrementó el déficit en la balanza de cuenta corriente, de mercancías y de servicios, lo cual derivaba en devaluación. Sin embargo, como en México la paridad era símbolo de la efectividad de la administración, eso no se podía. Y no se hizo por razones políticas.

Se resistió hasta que se cayó el mercado petrolero, "se cae un poquito, pero lo suficiente como para que se rompiera el cántaro y con él todas las ilusiones". Y aunque en ese momento se hubiera entendido la necesidad de devaluar, no se hizo.

"Por razones políticas, pensando en que la política

---

[90] El texto íntegro puede consultarse en la revista DECISION, Año IV, No. 46, Diciembre de 1982, PP. 31 a 34.

económica del gobierno es algo así como la higuera bíblica. Por segunda vez que pasábamos al lado de ella, nos dábamos cuenta de que no tenía higos y que merecía ser cortada y echada al fuego, pero seguimos con nuestra higuera y seguimos el camino todavía gastando más."

Se adoptó, sin embargo, un desliz gradual de la paridad, pero tan pequeño, que sólo sirvió para no incrementar la sobrevaluación del peso, lo cual no resolvió nada y siguió en aumento el déficit en la balanza de la cuenta corriente.

Sin embargo, en el ámbito gubernamental se dieron cuenta de que era necesario luchar contra la inflación, pero no lo hicieron mediante la reducción del gasto público, sino quitándole recursos a la banca, que no fueron congelados, sino destinados al financiamiento del déficit gubernamental. Dichos recursos volvían finalmente a la circulación, pero no para crédito a las empresas que lo requerían para crecer y atender el incremento de la demanda interna. La consecuencia fue que las empresas recurrieron el crédito en el exterior, en dólares. Por eso, a partir de 1981 la deuda privada en el exterior empezó a crecer rápidamente.

México había evolucionado, explicó el licenciado Calderón, de una deuda externa de 3 mil 100 millones de dólares a la salida de Antonio Ortiz Mena de la Secretaría de Hacienda, a 18 mil 400 millones de dólares al finalizar el sexenio de Echeverría, y a 60 mil millones de dólares a principios de 1982. Por eso finalmente fue necesario devaluar. "Era una medicina muy amarga, pero muy necesaria y pudo haber salvado al paciente". Sin embargo, una vez más, no aprendimos de la historia.

Se cometieron los mismos errores de 1976, "pero magnificados; a saber, de inmediato dizque para evitar la especulación, se generalizó el control de precios, se pusieron sanciones demagógicas a las empresas que violaban el control de precios, como estas empresas habían visto que aumentaba su deuda extranjera". A su vez, los costos aumentaban porque, de nuevo, por razones políticas, se decretó el famoso aumento al salario del 30, 20 y 10, que se convirtió en una carga para las empresas. Así, la esperanza de recuperar la competitividad con la devaluación, se frustró y se "perdió el nervio". Los empresarios empezaron a sacar dólares, cuando antes eran "mete dólares", pues ingenuamente se habían endeudado para poder expandirse.

Los empresarios que sacaron dólares lo hicieron, en muchos casos, ante la posibilidad de adelantar el pago de sus deudas, ante la perspectiva de una segunda e inminente devaluación. Quienes sí sacaron dólares, fueron las viudas que tenían su ahorro en México, profesionistas de éxito y no éxito, empleados del sector privado y del sector público y probablemente hasta políticos saca dólares.

Por ello, en agosto del 82 se tomaron medidas desesperadas, "quizá las peores decisiones": el haber implantado la paridad dual, reservarse los dólares que exportaba el gobierno para sus propias necesidades. Se redujo la oferta de dólares en el mercado libre. La gente vio que eso era insostenible y entró el pánico, acelerando la compra de dólares. Por eso se llegó al primero de septiembre con una política fracasada.

Ante esta situación, se implanta el control de cambios y se busca un chivo expiatorio: la banca. No era necesaria la estatización,

> "porque no es cierto que así puedan estar controlados los depositantes, no es cierto que así fueran a estar mejor los deudores, no es cierto que así puedan estar mejor controlados los que sacan dólares y los quieren girar a otro lado, ahora en el extranjero; ciertamente no".

Hubiera bastado con que la Comisión Nacional Bancaria estableciera el control absoluto de cambios y los bancos hubieran hecho lo mismo que hacían nuestros padres durante el virreinato cuando llegaban las cédulas reales: "caían de rodillas en tierra, se la ponían sobre la cabeza y decían amén y las cumplían." La banca y los banqueros tenían una larga tradición de obedecer a ojos cerrados los mandatos de la CNB y del Banco de México. En cambio, "con los banqueros burócratas, con banqueros políticos hay más posibilidades de falta de control que con los banqueros profesionales."

Finalmente Calderón expresaba su esperanza de que Miguel de la Madrid, el hombre que se había sacado la rifa del tigre, sacaría adelante al país, "pero no pronto", porque es una crisis que ha llegado demasiado al fondo. Sin embargo, las medidas para ello "van a ser amargas, dolorosas; van a ser desgraciadamente impopulares, porque para salir se necesita realmente de la austeridad de todos los mexicanos, empezando por la austeridad de los funcionarios públicos."

El sistema político está en agonía

Federico Müggenburg y Rodríguez Vigil, director del Centro de Estudios Sociales del Consejo Coordinador Empresarial, hizo el análisis político del momento que vivía el país.[91] Inició su exposición afirmando que "la verdad es que ya estamos en el socialismo". Pasó a considerar los cambios que se estaban viviendo en el país, y la

> "especie de espontánea entrega, una espontánea aceptación de los cambios ideológicos y estructurales que están ocurriendo, sin tener conciencia de que estamos fallando en la lealtad, en la coherencia con lo que hemos sido y lo que somos; parecía como que hay una actitud oportunista, pragmática, que literalmente la hemos conocido en Sancho, el hombre pragmático que se acomodaba a las circunstancias y a las situaciones; sin embargo, Sancho era un hombre que a pesar de ser pragmático y acomodaticio, nunca perdió la noción del bien y del mal, del pecado y la virtud".

Lo que está ocurriendo, dijo, es semejante a la "Metamorfosis", de Kafka.

Hizo una explicación de la evolución de la banca desde Maximiliano de Habsburgo, quien autorizó a los particulares a emitir moneda y ejercer libremente la función bancaria, a la transformación jurídica con Miguel Alemán Valdez, quien convirtió a la banca en

---

[91] Ibid, pp. 42 a 48.

una concesión, abandonando el criterio de la autorización. "Las autorizaciones son un simple reconocimiento de una actividad y las concesiones son gracias que otorga el Estado", dijo.

A continuación hizo una rápida exposición de la evolución del pensamiento de Descartes a Hegel y Marx, hasta llegar a la socialdemocracia, "la transición del esquema liberal al esquema socialista y ese es el estado político en que nos encontramos".

Luego explicó que ante los sucesos que vivía el país, había dos hipótesis: que todo obedecía a un plan perfectamente elaborado y perseguido con minuciosidad, o que se trataba simplemente de una acumulación de errores cada vez más graves, cada vez más grandes. "Yo digo que lo que nos está pasando es una combinación de estas dos hipótesis: hay un plan y hay errores que se acumulan."

El plan estaría enmarcado por las tesis de quienes dicen que la Constitución es el instrumento que debe adecuar a la nación, en razón de un "proyecto de nación", como si ésta no existiera. Rechazó la idea de que la nación pudiera proyectarse. Porfirio Muñoz Ledo, en 1977 y como Secretario de Educación, había expresado ese propósito en el Plan Nacional de Educación. Se trataba de imponer un modelo imaginado sobre una realidad concreta. Luego siguió el Plan Nacional de Desarrollo, que pretendía una reforma administrativa, una política y una económica. Todas ellas fracasadas, o limitada la segunda a la creación de nuevos partidos y más repartos de curules a la oposición.

En cuanto a la económica afirmó: "He tomado conciencia recientemente que había dos reformas económicas: una implícita, este es el lento proceso por el cual el Estado se va adueñando de la economía, y otra de tipo explícito, que se concreta en la tesis de la reforma económica de la CTM". Hizo alusión al choque entre Echeverría y Fidel Velásquez, así como el arribo de Porfirio Muñoz Ledo a la Secretaría del Trabajo, quien invitó al viejo líder cetemista a iniciar la reforma económica con el apoyo de los economistas discípulos de Horacio Flores de la Peña.

Así surgieron las tesis de ese sindicato sobre la reforma económica del país, cuyos puntos sobresalientes eran: remplazar las bases de la actual estructura económica y social, establecer con claridad las áreas de propiedad estatal, social y privada, con facultades del Estado para imponer sus modalidades y ensanchar el área estatal de la economía, También se propugnaba por instaurar un verdadero sistema de planeación nacional, terminar con el monopolio industrial, financiero y agrario, y el establecimiento de un capítulo económico en la Constitución. En la innumerable lista de acciones propuestas por la CTM para dicho capítulo se encontraba hacer pasar al poder público

> "las industrias farmacéuticas, textil, de la construcción, incluida la fabricación de los materiales, las empresas de distribución de los bienes y los servicios, las instituciones financieras, bancarias, de seguros, que tienen carácter privado; la petroquímica, la siderúrgica y el comercio exterior; instituir un sistema de economía social que vincule los esfuerzos y los recursos hacia la producción de bienes por parte del Estado y las fuerzas sociales organizadas; limitar el área de la propiedad privada a las actividades complementarias del desarrollo y supeditarlas a los objetivos generales de la planeación".

El Plan existía. Sin embargo, para aplicarlo y que operara, se requerían las condiciones para aplicarlo. Esas tesis, elaboradas en tiempo de José López Portillo, fueron presentadas a Miguel de la Madrid, y de su aceptación se dijo que dependería el apoyo político de la CTM.

En ese contexto se produjo la devaluación, que generó meses agobiantes donde la fantasía económica empezó

> "a lanzar decretos y más decretos contradictorios, lo que se decía como verdad ayer era mentira hoy y viceversa; y entonces hubo necesidad de una nueva fantasía y hubo que buscar un chivo expiatorio y acusar a alguien de ser el responsable del fracaso de esta fantasía económica y se encontró a los banqueros".

Del mismo modo que otro fantasioso, Echeverría, había encontrado en los agricultores del noroeste del país y a los industriales de Monterrey a finales de su sexenio.

Eso en el contexto interno. Pero en el externo, México se había alineado a un nuevo imperialismo "que no se atreve a pronunciar su nombre": la Internacional Socialista, hecho elogiado por Fidel Castro en el Segundo Congreso del Partido Comunista Cubano en diciembre de 1980. Müggemburg afirmó:

> "Castro dijo: 'la participación de la social democracia en la vida política, así como la sociaoldemocratización de los antiguos partidos burgueses y oligárquicos latinoamericanos, revisten una significación positiva; amplían las fuerzas y el campo de batalla en la lucha contra la dominación norteamericana en América Latina, la propaganda social demócrata contribuye al mismo tiempo al despertar político y social de las masas; ahí donde el mensaje marxista leninista está totalmente reprimido; eso significa que las estrategias y las políticas que juega la Internacional Socialista a nivel internacional le abren el camino a la estrategia socialista y no tiene vuelta de hoja.'"

El orador pasó a explicar entonces el contexto de la celebración de la reunión de la Internacional Socialista para el diálogo Norte-Sur, convocada por Willy Brandt, en Cancún. El Canciller Castañeda dijo que durante una visita a la ONU se enteró que el informe de Brandt recogía

> "las tesis principales de los países en desarrollo. Esto en verdad fue un fenómeno sorprendente que un grupo de intelectuales tan notables que casi todos ellos habían hecho suyas las tesis de los países en desarrollo."

Asimismo, nuestra solidaridad con Centroamérica –recordemos la guerra en Nicaragua- nos llevó a transferir a esa zona entre 300 y 700 millones de dólares. De la sujeción al esquema social demócrata, el orador concluía que "en la política interna tenemos una fantasía en el orden de la economía, pues por eso se ha producido el crac del sistema político mexicano."

Llegaba al final de su exposición de esta manera:

> "Compatriotas, el sistema político mexicano está en agonía, estamos viviendo sus estertores…"

"Ya vemos cómo las facultades que otorgó el Constituyente de 1917 al Ejecutivo han operado, ya lo estamos viendo, en este sistema el presidente en turno es jefe del Ejecutivo, es jefe del Estado, jefe de Gobierno, jefe nato de las fuerzas armadas, jefe del partido en el poder y facultado extraordinariamente por la Constitución en materia de tipo económico, para hacer lo que desee.

"Del año 1934 a la fecha, se vive un sistema de sexenios y la crisis que está viviendo el sistema político mexicano se está haciendo evidente cuando los modelos de Juan Jacobo Rousseau nos están llevando a una coyuntura de revisión del modelo político al que estamos sujetos."

Se viola la Constitución, pero es frecuente

Para la exposición del tema jurídico, e impresionados por el artículo de Ignacio Burgoa en Excélsior, así como por su prestigio académico, ambos expresidentes insistieron en que el orador que abordara el análisis jurídico de la expropiación fuera dicho abogado. No se consideró adecuado recurrir a quienes habían elegido los banqueros porque parecería que dicho movimiento era en defensa de ellos, y no era así, ni ellos lo querían. México en la Libertad era un movimiento a favor de una banca libre, un sistema financiero que no fuera dependiente del gobierno y un país democrático, donde la autoridad no pudiera tomar decisiones arbitrarias y ejecutarlas pasando sobre los derechos de los ciudadanos, sin que hubiera instancia, recurso o voz que se opusiera.

Sin embargo, la elección de Burgoa fue errada, pues al tomar la palabra en Monterrey, el jurista –único que cobró por participar- se lanzó en contra de los organizadores y los empresarios allí reunidos, haciéndose eco de las tesis oficialistas que pretendían arrinconar al empresariado al tratamiento de temas económicos y a la vida productiva, negándoles el derecho a discutir temas que, eran "competencia de los abogados, y no de los empresarios", por lo que les conminó a dejar ese tipo de reuniones y dedicarse a trabajar en momentos en que el país requería recuperarse económicamente.

En su participación minimizó la importancia de que el Presidente hubiera pasado sobre la Constitución y violado la Ley, "pues eso ocurre todos los días en nuestro país y para eso existen los tribunales y el derecho de amparo".

Quienes le escuchábamos no salíamos de nuestro asombro. Jorge Chapa y José Luis Coindreau estaban indignados, y como yo era el siguiente orador, me pidieron que refutara dicha tesis. Al igual que la estatización estaba provocando una reacción empresarial hacia la defensa de sus derechos, aunque hubiera que enfrentarse al mismo Presidente, ahora Burgoa lograba el efecto contrario al pretender encasillar al empresariado en el ámbito económico y negarle derechos de movilización social y defensa política del derecho, no sólo en los tribunales.

En su editorial de octubre de 1982, la revista DECISION de la CONCANACO afirmaba:

> "Lo importante es que con la estatización de la banca se vulnera el orden jurídico del país, se concede prepotencia al Ejecutivo Federal para que sea juez y parte, sin conceder oportunidad de defensa a la parte afectada, para que determine caprichosamente cuál es el "interés público" que justifica atentar contra la propiedad privada y, por último, por las consecuencias que esto tendrá para el desenvolvimiento de un sistema de libertades en México.
> "En el caso del orden jurídico, el Presidente violó la Ley de Expropiaciones, incurrió en vicios de orden procesal, y pasó sobre las garantías individuales que otorga la Constitución para la salvaguarda de los derechos fundamentales del hombre y del ciudadano.
> "El Presidente, con su acción unipersonal, negó los principios de la democracia, demostrando cuán vulnerables podemos ser los mexicanos, las instituciones del país y las empresas, ante un uso discrecional del excesivo poder del que disfruta el Presidente de la República, no sólo porque la Constitución se lo ha concedido, sino porque el Congreso se lo ha ampliado renunciando él mismo a ser

representante popular, y porque, además, se ha incurrido en el vicio sistemático de que el Ejecutivo legisle por la vía de los decretos, incluso reformando con ellos algunas leyes, rompiendo el sistema jurídico-político basado en la separación de poderes."

Lejos de que las palabras de Burgoa hubieran amilanado a los organizadores del movimiento, lo único a que condujo fue a marginar a quien buscando el contrato por parte de los banqueros, en esa participación manifestara su resentimiento por no haberlo logrado. Años más tarde el propio Burgoa habría de tragarse sus palabras sobre la confianza en que los tribunales bastaban para atender las violaciones cotidianas a nuestras leyes. En adelante fue el abogado Fernando Yllanes Ramos quien asumió la exposición en que se demostraba la forma en que la estatización de la banca rompió el orden jurídico.

Yllanes Ramos se ganó la tribuna en las reuniones de México en la Libertad después de su participación en una reunión especial del Consejo de CONCANACO, los días 18 y 19 de octubre del 82, en San Miguel Regla, Hidalgo. Reunión a la que, por cierto, por poco no llega Federico Müggenburg, pues le fueron cortados los frenos de su vehículo.

Se quebrantó el estado de derecho

Hombre de avanzada edad, Fernando Yllanes subió a la tribuna con un mensaje de esperanza[92], pues a pesar de los problemas, teníamos un México más maduro que en los años 30.

"… encontramos que tenemos un más México, valga la expresión, sí es más nuestro México ahora, es más recio, es más fuerte, tiene infraestructura industrial, comercial, tiene órganos, esos órganos intermedios que son las Confederaciones, las Cámaras y los grupos de la gente que cree en la libertad y que se une pensando en México, y que teniendo nosotros esto no podemos tener derecho de la

[92] Ibídem, pp. 7 a 11.

desesperanza."

"Por eso tenemos la misión de lucha, no vamos a llorar el día de mañana aquello que no supimos defender: las mujeres con su corazón y sus sentimientos; y los hombres con la hombría y la reciedumbre que alcanza a ser. Los mexicanos no estamos derrotados. Hay un derrotismo sí, hay un que no hay dólares, que no hay esto, que no hay lo otro, sí y qué. Estamos nosotros y está nuestro México."

A continuación pasó a defender el Estado de Derecho, invitando a trabajar para que éste no quede en letras, para que exista, persista y salve a México.

"Tenemos un gobierno fuerte, un gobierno adueñado de la situación y que nos ha impuesto las reglas del juego; el juego que no es el Estado de Derecho, que es el conjunto de elementos y circunstancias que impriman su recia, su persistente y férreo control a la voluntad tiránica de los desbordados del poder.

"Eso son nuestras autoridades, son los desbordados del poder. Se apoyan en lo que los sajones llaman el gobierno del amor, o sea el del populacho, se excitan las pasiones más bajas y se compra la voluntad a base de los medios y sistemas.

"El Estado de Derecho, no es un señor que abusa del pódium del Poder Legislativo para insultar; el insulto inmediato a los banqueros, chivos expiatorios; había que buscar quiénes eran los responsables; a los que intitula saca-dólares, a quienes realizan un acto al cual tienen derecho y capacidad de hacer, si el dinero es bien habido; y para el efecto de que se les diera el título de saca-dólares a los que sí han saqueado a México, que son los políticos y sus familias, y que son todos aquellos que dentro de un régimen de corrupción han permitido el almacenamiento de fortunas incalculables que todavía hablan de honorabilidad, sin salírseles el rubor a la cara por muy maquillado que esté."

Para Yllanes, la forma en que actuó el Presidente había sido un insulto, también, para el Poder Legislativo, pues menospreciaba sus leyes y erigía su yo para nacionalizar, para cambiar la ley, diciéndole "tú no eres nadie, eres un fantoche, un vendido y comprado". En respuesta, el legislativo

> "se yergue no a reclamar y decir usted no me insulta, no tiene derecho a decirme lo que dice, sino que de pie aplaude, aplaude ruidosamente y encuentra que hay la salvación de México en un pro-hombre que desde arriba les dice: ustedes no son nadie, yo sí soy".

Pasó entonces a revisar lo que es el Estado de Derecho como situación jurídica, donde el individuo goza con las limitaciones propias de la libertad; es el reconocimiento a su dignidad de hombres; es una estructura jurídica en donde se dice esta Constitución en qué universo físico tiene su asiento, tiene su objetivo, tiene su determinación. En el Estado de Derecho el gobierno está limitado, limitado en sus funciones, en sus objetivos, en sus posibilidades.

Y pasó a explicar la estructura de la separación de poderes y el federalismo. Eso lo llevó a reiterar su alusión a la abyección del Poder Legislativo, y hablar también del "servilismo infame del Poder Judicial". Hizo alusión al contraste entre el ideal de un Poder Judicial autónomo, digno e independiente, y los momentos de dolor que se vivían "tan lúgubres que estamos viendo, vemos la dirección infinita de un presidente de la Suprema Corte que lleva una entrega de dinero a un llamado Fondo de Solidaridad, que es un fondo, de cuyo destino prefiero no pensar y en el cual se atreve a decir que como hombre no procede el amparo en contra de la llamada expropiación bancaria, y eso lo dice como abogado y como persona, pero eso sí sin que lo diga como presidente de la Corte; y después de aquí, llevó a los indignos de tener la toga con el señor Presidente de la República para irlo a felicitar por el acto patriótico de la violación de la Constitución. ¡Qué vergüenza sentí como abogado! ¡Qué hondo sentí que habíamos caído! ¡Qué miseria! ¡Qué pobreza mental y qué abyección!"

2cc

Hacía alusión a la obligación de un juez de no prejuzgar ni hacer pronunciamientos públicos acerca del sentido en que va a administrar justicia.

Y todavía no habíamos tocado fondo, podría haber más. "yo ya estoy preparado para ello", dijo Yllanes.

Expresó que en los primeros días de septiembre no podía creer lo que estaba viendo, cuando como abogado leía un decreto que contenía cosas aberrantes como quitar de un plumazo la característica de Sociedad Anónima al Banco de México.

Pasa el jurista a preguntarse si vivimos en un Estado de Derecho, si vamos hacia una socialización, un estatismo, un capitalismo de estado absoluto, "vamos hacia lo que han pretendido cierto grupo de diputados y senadores".

"Dentro de esta situación tenemos en el Congreso de la Unión, en la Cámara de Diputados, grupos de los cuales hubo unos que, para usar la expresión de nuestro pueblo, se sacaron la lotería sin comprar billete. Me refiero al PSUM y a los grupos de izquierda que de no tener sino alrededor del 10% de los votos, su programa lo hace suyo el Presidente de la República, y hace lo que hizo.

"Están alzados, insolentemente alzados, dicen: quién es el amo, nosotros; cuál es el programa, el nuestro; el PRI es una farsa, los demás partidos no son nada; nosotros hemos tenido el triunfo."

Hizo entonces un llamado a participar, a luchar de manera pacífica, precisamente a través de las organizaciones empresariales mediante el análisis de dónde se está y luego orientar a la opinión pública y a través de nuestros organismos intermedios exigir que dentro de la ley, dentro de las circunstancias, actuemos.

Luego expresó su preocupación de que a pesar de confiar en la calidad del futuro presidente, Miguel de la Madrid, él no podría llegar, sin más, a decir que todo esto son cosas que no son válidas, aunque hubo en el pasado un Presidente que detuvo lo que había hecho su antecesor: Adolfo Ruiz Cortines.

"Cuando el hombre tiene —concluyó-, el hombre no se deja

quitar. Y nosotros tenemos y no nos vamos a dejar quitar, nosotros necesitamos encontrar en el móvil la manera de hallarnos a nosotros mismos, de agruparnos, de exteriorizarnos, hacer lo que estamos haciendo hoy, que es un himno a México y un himno a la libertad. Y mientras haya hombres como los que nosotros queremos ser, hay México."

Finalmente reiteró que se cuenta con el derecho de amparo como un medio para exigir el cumplimiento de la Constitución.

Se niegan los derechos humanos

Tocó a quien esto escribe, evidenciar cómo el gobierno del Presidente López Portillo, en el Plan Global de Desarrollo, negaba los derechos humanos y contradecía al maestro universitario de teoría del Estado, José López Portillo y Pacheco.

En el Plan Global de Desarrollo se expresaba una filosofía política totalitaria, de corte hegeliano, que en la tensión entre el Estado y la persona humana, se pronunciaba a favor del primero, en contra de la segunda. Para muchos pasó desapercibido que en el documento guía de la administración lópezportillista se afirmaba que no existen derechos anteriores y superiores a los de la sociedad, negando el fundamento de la Declaración de los Derechos Humanos de la ONU. Con ello, los mexicanos quedábamos a merced de los derechos que "nos otorgara" la Constitución, confundiendo derechos con garantías individuales. Con esa visión, se pretendía que el Estado absorbiera y anulara al hombre. Además, advertía acerca de la confusión entre Gobierno y Estado. En la necesidad de equilibrio se advertía el Estado es para el hombre y no al revés. "El ser de la sociedad pierde su sentido cuando esas relaciones perjudican al propio hombre".

Pasé, entonces, a explicar el papel de los cuerpos intermedios en la vida social y la múltiple participación y pertenencia de todos a los mismos, entre ellos las empresas. Recordé cómo la empresa no son los empresarios y el sentido de partencia a las mismas podría producir acciones solidarias como las de los trabajadores chilenos defendiendo "La Papelera", frente al intento de apoderarse de ella por parte del Gobierno de Salvador Allende. ¿Qué habría ocurrido en México si los trabajadores de la Banca, o de Mexicana de Aviación, hubieran defendido sus empresas, porque se sentían parte de las mismas?

Al explicar la organización social, recordé que la pertenencia como pueblo organizado se da a través de los cuerpos intermedios, no sólo en lo económico, sino también en lo social y en la organización política de la misma. Ante ello,

> "quizá uno de nuestros principales pecados ha sido el descuidar el fortalecimiento de la sociedad, de los cuerpos sociales para contraponerlos a los excesos de la autoridad. Y, entonces, nos encontramos que sólo con cuerpos intermedios libres vamos a contrapesar, contrabalancear los posibles excesos de autoridad mediante la acción que muestra y no necesita demostrar. Entonces, estos cuerpos intermedios son, por propia naturaleza, barreras o valladares en contra del abuso del poder".

Las Cámaras empresariales aparecían, en este contexto, y dada su característica de órganos de consulta del Estado, como

> "el contrapeso a un Congreso sometido; a un Congreso yo diría más que sometido, porque ya a nadie lo someten, que renuncia a sí mismo, a su dignidad, por abyección, por servilismo, por ambición, por falta de dignidad, de coherencia, de valor para decir lo que uno cree en aras de la disciplina de un partido."

El llamado era para que ante un Congreso que renunciaba a representar a la sociedad organizada, los cuerpos intermedios fuera voz que se hiciera oír

> "para oponerse precisamente a la voz única de la autoridad que se escucha a sí misma en el Congreso. Pero además, los cuerpos intermedios son canal de expresión popular y necesitamos precisamente que estos canales de expresión popular sustituyan seudo consultas populares donde el partido se escucha a él mismo lo que él quiere decirse sobre

116

lo que él es y sobre lo que dice ser." Un monólogo que se convertía en autoelogio.

Era necesario hablar para que el Estado conozca la verdad, porque lo peor es la adulación a los poderosos, pues ella hace que lleguen a convencerse de su propia virtud. Hasta en las cortes del medioevo la función del bufón consistía en decir las verdades y "si hay que convertirnos en bufones, hay que hacerlo, porque hay que decir las verdades porque alguien debe de contrapesar esa ficción de los que creen que todo lo pueden, lo hacen bien."

Había que evitar que los cuerpos intermedios imitaran la humillación y entreguismo del Congreso.

Expuse entonces las contradicciones entre el maestro y el Presidente López Portillo, una cosa pensaba el primero, otra actuaba el segundo, y no sólo eso, nos encontramos con 2 ó 3 López Portillo el mismo día, a la misma hora y en el mismo lugar. Lo que pasa es que uno hablaba y otro presentaba un escrito.

> "Nos encontramos con que el Presidente López Portillo que estatizó la banca y atacó a los banqueros, incluso para señalarlos como traidores a la Patria, es el mismo presidente José López Portillo que entrega unos anexos y un informe complementario, donde habla de política fiscal y hace encendidos elogios a la banca privada."

López Portillo ya no era el hombre creyente en principios, sino el hombre actuando en función del poder, de cómo manejar las cosas para el poder,

> "y es que sabemos no de ahora sino de hace tiempo, que si el poder corrompe, el exceso de poder corrompe más; hay que quitar poder y hay que generar autoridad; y este poder cuando lo tiene la sociedad porque lo vive, es el equilibrador, precisamente, de los excesos del poder político".

Tras insistir en la necesidad de la participación social organizada, retomé las palabras de Fray Antonio de Montesinos, citadas por el Presidente López Portillo en República Dominicana pocos días antes, pero ya no aplicándolas a las relaciones internacionales, sino a lo que se vivía en esos momentos:

> "Frente a soberbios y prepotentes y hegemónicos con qué derecho avasallas y atropellas; con qué derecho intervienes y revuelves; con qué derecho explotas y arruinas; ¿obliga a tu supuesta razón y derecho?, ¿no somos todos hombres y pueblo iguales? ¿Esto no entendéis, esto no sentís?"

Ante los difíciles momentos de México nadie podía decir que por tener éxito, por haber logrado un poco de bienestar, aunque fuera para él mismo, no tenía por qué aportar algo a la sociedad.

> "Hasta por fin egoísta de subsistencia, la sociedad nos está demandando nuestra contribución; nuestra entrega de nuestra riqueza; nuestra razón fortaleciendo los cuerpos intermedios como contra peso de poder, como núcleo de organización social de vida cívica, de vida económica, de vida política, porque desde que el gobernante es gobernante, se ha corrompido por el poder y las palabras de Luis XVI vuelven a existir ahora.

> "Ahora son los presidentes los que se encarnan a sí mismos como Estado y es el momento de que nosotros demostremos que nosotros somos los que les damos razón de ser a ellos y no ellos los que nos han dado razón de ser a nosotros."

La verdadera libertad sólo se da en la justicia

Correspondía a Manuel J. Clouthier cerrar las reuniones en su calidad de Presidente del Consejo Coordinador Empresarial, pues también él las presidía. Eran palabras sentidas y conmovedoras[93]. En él hablaba la voz de la provincia, del campo, y afirmaba que se trataba de una respuesta positiva a la crisis económica, de confianza y de congruencia que sufría la Nación. Esas reuniones regionales eran necesarias para escuchar la voz de la provincia para poder comprender México y ante la crisis era necesario entender profundamente a nuestro país.

---

[93] Ibid, pp. 55 a 58.

México en la Libertad era una forma de participación empresarial y ciudadana. Servían no sólo para expresar la indignación ante la injusticia y la inconformidad ante el error, sino que

> "también hacemos acto de presencia, ejercemos nuestra libertad y nuestros derechos y con ello contribuimos a fortalecer el civismo, el sentido de libertad, el amor a México, y nuestra propia dignidad, para poder llevar en alto la frente ante nuestros trabajadores, ante nuestros hijos, ante nuestros amigos, que saben cómo pensamos, y que nos criticarían si no actuamos."

En esos foros afirmó que uno de los sofismas que habían perjudicado nuestra vida social y política, era el sofisma de que la justicia y la libertad eran términos antagónicos, pues en nombre de la libertad se cometían injusticias, o para realizar la justicia se proponía cancelar la libertad. "Falso, la verdadera libertad sólo se da en la justicia y la verdadera justicia sólo se da en la libertad".

La clave de la democracia consistía en la existencia de un orden jurídico que respeta la justicia y la libertad, y cuando la madurez y el civismo de los ciudadanos, busca conducirme conforme a la justicia y a la libertad.

> "Cada nación, porque requiere el servicio de autoridad y de un ordenamiento jurídico positivo, se organiza políticamente como Estado, pero el Estado puede ser más congruente o menos congruente con la Nación. En la medida en que el Estado respeta los valores de la Nación y a los que la integran, sus derechos y libertades, caminamos por el camino profundo de la democracia. "Cuando el Estado se aleja de la Nación y de los gobernados, cae en el absolutismo, o en cualquier deformación de la razón de ser del Estado, nos alejamos de la democracia. Precisamente, por esta preocupación de democracia auténtica, de justicia y de libertad, el periodo de la revolución y su conclusión en la Constitución de 1917, tiene un significado histórico tan importante".

Recordó cómo el exceso del poder y la concentración del mismo había dado origen a la dictadura que perdió autoridad moral sobre los mexicanos, dando origen a la Revolución Mexicana reclamando sufragio efectivo y no reelección.

Rechazó la lucha de clases e invitó a luchar todos para vencer las injusticias que provienen de las libertades que estamos obligados a defender:

"Libertad para disentir y expresar nuestra verdad. Sabedores que ésta no es absoluta, pues nadie posee la brújula de la historia. "Libertad para educar a nuestros hijos dándoles acceso a lo ecuménico de la cultura sin sectarismo alguno.

"Libertad para poder emprender y crear sin más límite que los derechos de los demás.

"Libertad de prensa, incluso para criticar en el buen sentido de la palabra, porque entre más crítica es una sociedad tanto más democrática y permeable es.

"Libertad de culto; que otros no pretendan imponer sus teorías exóticas.

"Libertad, que no es injusticia porque lo que pretendemos es la paz y ésta sólo se da si impera la tranquilidad en el orden.

"Libertad que no es libertinaje, porque así como rechazamos la prepotencia y la masificación, hacemos lo mismo con la anarquía y el abuso."

Defendió los derechos derivados de sólo ser hombres, que no pueden ser vulnerados por las masas, que son anteriores y superiores a la llamada voluntad colectiva, aunque ésta sea expresada por los órganos del Estado. "Por eso rechazamos relecturas de la Carta Magna, que pretenden que no hay derechos anteriores ni superiores al Estado".

Clouthier hizo referencia a que en los últimos años se habían pretendido crear algunos llamados derechos de la sociedad, que limitan, restringen o anulan los derechos individuales o para justificar la estatización. Recordó que el jurista Felipe Tena Ramírez afirma que cuando el Gobierno no busca la verdad, sólo le importa la conservación del poder, y así sigue a Maquiavelo, sin darse cuenta de que por ese camino pierde autoridad.

El estatismo, definió el Presidente del CCE, es la absorción de la sociedad por el Estado, es la antítesis de la democracia y el camino contrario al progreso.

> "Lo que queremos es un gobierno que sea como los buenos directores de orquesta, que propician que todos toquen mejor sus instrumentos musicales y dirigen para armonizar la melodía".

Defendió la separación y el contrabalanceo del poder como armas de la democracia contra el absolutismo, pues no basta garantizar en la Constitución los derechos individuales, si todos los órganos del poder están coludidos para permitir o disculpar los abusos que alguna autoridad comete en contra del ciudadano particular.

Reconoció las ventajas del presidencialismo frente al parlamentarismo, "pero presidencialismo no debe significar preponderancia absoluta del Poder Ejecutivo, sino sólo poder de decisión final dentro del respeto a las leyes, en fondo y en su forma". En el México que queremos se requiere seguridad jurídica a partir de estabilidad en las leyes, sin cambios sustanciales a lo largo del tiempo y sólo se modifiquen cuando han cambiado radicalmente las condiciones políticas, sociales o económicas sobre las que rigen. El cambio constante de las leyes elimina la seguridad, especialmente la Constitución debe permanecer estable. Otro requisito de la seguridad jurídica es la no retroactividad de las leyes y, finalmente, que la interpretación de las leyes sea consistente a lo largo del tiempo y sea consignada de manera sistemática por la Suprema Corte de Justicia de la Nación.

Luego señaló que "el México que queremos es un México demócrata", evitando falsas interpretaciones sobre la democracia y recordando que ésta consiste en la manifestación periódica de la voluntad del pueblo sobre las personas que van a ejercer el poder, y sobre cuáles deben ser las líneas generales de la política que debe seguir el Gobierno. Un sistema en donde dicha opinión no sólo se expresa en las urnas, sino a través del tiempo a través de las organizaciones intermedias.

Otro elemento de la democracia, dijo, era la participación ciudadana en la vida pública, en el ejercicio de su libre iniciativa, al constituir una nación que exige ser respetada por el Estado.

"Si el gobierno quiere superar la crisis deberá empezar por promover, estimular y proteger la acción de la iniciativa de las personas en todos los campos. Y a partir de ese respeto, lograr que se formulen planes".

"Queremos la reestructuración de México, en el campo económico, fundamentalmente por solidaridad con todos los mexicanos. El camino que vemos razonable y más viable es la democracia económica, que se obtiene como resultado del realismo económico frente al ilusionismo; de la acción de la iniciativa de los particulares, en lugar de esperar el paternalismo del estado. Al igual que la democracia política, se apoya en la libertad, en el derecho, en la subsidiariedad y en la participación."

"El estatismo, la política inflacionaria, el ilusionismo económico, han tendido su fracaso en perjuicio del pueblo.

"Nunca antes el gobierno había tenido tanto poder económico, tanta participación en la economía, tanto gasto público; y sin embargo tenemos una crisis económica.

"Yo me preguntaría ¿por qué? Porque no es lo mismo la riqueza nacional que la riqueza del gobierno."

Preguntó a los mexicanos si después de tantos millones de barriles de petróleo exportados, después de la intervención gubernamental en la industria henequenera, de entregar a las cooperativas las flotas camaroneras y después de estatizar la banca ¿viven mejor? "Contra los hechos no hay argumentos". Se había perdido el poder adquisitivo, la confianza y "nos están restringiendo la libertad".

Amenazas disuasivas

El Gobierno presionó de diversas formas a los dirigentes empresariales para tratar de impedir la manifestación de su inconformidad. Desde los intentos de seducción a la amenaza. Se produjo un "accidente" en la avería del automóvil de Federico Müggenburg, cuando se trasladaba a la reunión especial del Consejo Directivo de la CONCANACO en San Miguel Regla, Hidalgo. Una de las medidas que operó como "espada de Damocles" fue la amenaza de actuar contra quienes hubieran sacado divisas o comprado propiedades en el extranjero, intimidando con publicar listas y exhibir a los desnacionalizados.

Fue pura retórica presidencial, pues según el diputado Francisco Álvarez de la Fuente, del PDM, quien formó parte de la Comisión del Congreso a quien se entregaron las "listas", López Portillo renunció a dicho propósito, no sólo porque los mexicanos que asumieron tal actitud tenían libertad y derecho de hacerlo, sino porque era una vil reproducción de registros públicos de la propiedad de 14 condados de diversos estados de la Unión Americana, que requerían ser expurgados para determinar si los nombres con apellidos latinos eran de mexicanos y si éstos vivían en Estados Unidos o en México. Finalmente, los diputados no sabían qué hacer con dichas listas y, de hecho, no hicieron nada.[94]

La presión pública también fue clara. Desde el uso de todos los medios de comunicación y periodistas controlados, hasta el aparato del PRI con manifestaciones "populares", similares a las que utilizara Luis Echeverría a raíz de la represión de los "halcones" el 10 de junio de 1971.

Sin embargo, lejos de que se buscaran canales de comunicación, de hecho se libró una polémica pública en la cual el Presidente José López Portillo contestaba directamente en diversas tribunas a las tesis de México en la Libertad.

---

[94] Haces, Cosme, ¡Crisis! Crónica de un trimestre negro. MMH ante la herencia de JLP, Editores Mexicanos Asociados S. A., México, 1983, p. 60 y sig.

La crisis se agudizó, pues ya no era sólo económica, sino de confianza. De esta suerte, el 8 de noviembre de 1982, cuando estaba por dar inicio la reunión de México en la Libertad en Culiacán, Sinaloa, el presidente electo, licenciado Miguel de la Madrid, se comunicó con el ingeniero Manuel J. Clouthier, presidente del CCE, para pedirle que suspendiera ésa y las reuniones ya anunciadas. No quería llegar a la toma de posesión en un clima de tensión, pues de esa manera no sería posible atemperar la medida en un contexto de polarización y confrontación social. El ingeniero Clouthier consultó con los organizadores y tras deliberar con los ahí presentes, se acordó continuar con ésta y la de Mexicali, que ya estaban convocadas, y suspender las de Hermosillo y México, aún pendientes.

La reunión de Culiacán, tierra del ingeniero Clouthier, fue muy tensa, porque el recinto del evento se encontraba junto a una preparatoria de la Universidad Autónoma de Sinaloa, dominada por la izquierda, que colocó un megáfono hacia el recinto y durante toda la reunión se estuvo agrediendo e insultando a los participantes.

Escribe Francisco Calderón: "Al término del sexenio lopezportillista ya se habían celebrado reuniones de *México en la Libertad* en Chihuahua, Puebla, Guadalajara, Monterrey, Torreón, León, Mérida y Culiacán. El éxito de estas asambleas constituyó un peligro político para el gobierno, por lo que el Presidente Electo De la Madrid solicitó al CCE por conducto del licenciado don Carlos Salinas de Gortari, que se suspendieran. Luego, pocos días antes del 1º. de diciembre, le pidió directamente al ingeniero Clouthier que no asistiera a la de Mexicali, ya programada; por esta razón asistió en su lugar don José María Basagoiti, Presidente de COPARMEX, con el consiguiente disgusto del licenciado De la Madrid. Ya no se celebró la de Hermosillo, que también estaba preparada."[95]

Definitivamente se había dado un salto cualitativo en relación con la presencia pública del empresariado. Por un lado, los términos y el tono de las reuniones de México en la Libertad fueron políticos

---

[95] Op. Cit. P. 65.

y de confrontación directa con los dichos y los hechos del Presidente. En segundo lugar, se pusieron en duda las bases sobre las que se sostenía el sistema político mexicano y se rechazaron las presiones del gobernante en turno. En esencia, el reclamo por un Estado de Derecho, el respeto de las libertades y la vigencia de un sistema democrático.

La versión de José López Portillo

José López Portillo había sido catedrático universitario, escrito textos y novelas, así que se consideraba a sí mismo un intelectual. Su afición por la escritura lo llevó a anotar una especie de diario de su gestión que, posteriormente y con nuevas reflexiones, editó con el título de "Mis Tiempos". Allí recogió algunos juicios sobre la actuación de la banca, los empresarios y México en la Libertad. Leamos algunos:

"Los empresarios, por razones ideológicas, su antisocialismo o anticomunismo, están contra la medida y me están haciendo sus alborotitos.

"Se les ha olvidado que el Estado no es un sector. Sino la organización soberana de la sociedad civil.

"Tomaron al pie de la letra lo del «sector público» y creían que ser Presidente de la República reza como serlo de CONCANACO O COPARMEX.

"«Ahorita» me acaba de hablar Martínez Domínguez, Gobernador de Nuevo León, para decirme que no habrá paro empresarial; que quieren explicar su posición; que quieren que cese la campaña en su contra; que quieren facilidades para seguir; que van a repatriar sus capitales y que no se publiquen las listas de sacadólares y compracasas.

"Ha sido una pantalla de estos buenos señores el decir que vamos al «socialismo». Les hemos explicado que es nacionalismo.

"Se pusieron bravos los empresarios. Se les olvidó la fuerza de las instituciones y el significado de la soberanía".[96]

"Los cúpulos doblando las manos. Parecen entender que nada ganan con oponerse y sí pierden y coreen riesgos. Los especuladores y ausentistas furiosos. Pero los empresarios mexicanos postergados por la banca privada que concentraba privilegios en sus propias empresas, entienden y agradecen la medida."[97]

"Pero fue entonces cuando un grupo de destacados banqueros y sus familias crearon lo que se llamó el «Fondo del Desprestigio», para atacar al Presidente, en una campaña que se inició tímidamente entonces y que se fue incrementando y juntando con otras fuentes de descontento, hasta alcanzar niveles verdaderamente sinfónicos, que se sumaban a las vociferaciones de los empresarios, tanto o más papistas que el Papa, y que me acusaban de dictador, sinvergüenza, frívolo y corrupto. Todos contra López Portillo."[98]

"… la CTM endurecida frente a un empresariado que se agazapa sabiendo que una huelga general lo es contra el Estado. Y tal vez piensen abusar. Será su sentencia de muerte.

"Es increíble su ahistoricidad. ¡Qué bueno que he tenido frontón! Están organizándose en todo el país con una serie de conferencias "México en la Libertad". ¡Infelices rajones! Poco a poco, conforme pasa el tiempo, se van envalentonando otra vez y hablan fuerte. Lo hacen contra el presidencialismo y a favor de la división de poderes, ¡chistosísimo! Se lo proponen a De la Madrid, como si así me limitaran a mí. Egoístas, rapaces y pobres diablos…"[99]

"El tiempo corre inexorable. Faltan veintiséis días y veinte

[96] López Portillo, Mis tiempos, Fernández Editores, México, 1988, tomo II, P. 1250.
[97] Ibídem. p. 1256.
[98] Ibíd. p. 1258.
[99] Ibid. P. 1263-1264.

giras para que esto termine, en medio de una fuerte reacción de los empresarios que se han organizado para pelear contra el socialismo que me imputan. Pero, independientemente de ello, el egoísmo y la rapacidad de esa clase social sólo se evitan con el mayor número de empresas en poder del Estado, aun con el riesgo de la corrupción…"[100]

"La embestida empresarial por las plazas más derechizadas, Monterrey, Torreón, León, Mérida, ha sido agresiva. Todos, hasta el Partido, se han callado y he tenido que aprovechar los mítines de despedida para darles cabal contestación, especialmente en Chilpancingo, en Tlaxcala y en Nayarit."

"A los que reclaman libertad, les he dicho que la quieren para explotar y victimar al país; a los que piden airadamente dólares, que se traigan los suyos; a los que me acusan de absolutista, y de quitar derechos a la sociedad, les he recordado que, organizada, se convierte en pueblo y es el Estado su representante y el que precisa el interés general conforme a la ley. Habrá otros desahogos en Puebla, en donde seguramente polemizarán y me obligarán a terminar peleando. Pero ésa ha sido mi vida y ni modo".[101]

"Como de la última nota resulta, terminé mi responsabilidad polemizando, en una discordia no deseada; pero sí afrontada."[102]

"Verdadera premonición: toda una estructura de malicia para desprestigiar al Sistema y difamar a quienes lo representan políticamente".[103]

Tristes memorias de quien tuvo el poder, abusó de él y fue descalificado implícitamente por su sucesor, con su propuesta en la campaña, de realizar una "renovación moral" en el Estado, por

---

[100] Op. cit. p. 1268
[101] Ibíd. p. 1270.
[102] Ibídem p. 1272
[103] Ibid.

alusión a la corrupción en el gobierno saliente.

La picota la clavó Jesús Reyes Heroles, otrora secretario de gobernación del propio López Portillo, que en un discurso en Puebla en 1983, en interpretación del ex presidente, lo responsabilizaba a él y la corrupción en su gobierno de la crisis económica de finales del sexenio.[104]

Como un hecho sin precedente, lo mismo que la estatización de la banca, la movilización empresarial polarizó a la opinión pública y a los priistas. Una parte del PRI y de los izquierdistas, la aplaudieron y se volvieron sus apologistas. Otros simplemente se encuadraron en la disciplina del sistema, en espera de las definiciones que se dieran en el nuevo sexenio; algunos más actuaron con cierto enojo al no haber sido considerado el licenciado Miguel de la Madrid para la decisión, que le dejaba una herencia conflictiva e, incluso, golpeaba a Miguel Mancera, previamente director del Banco de México, quien era parte del equipo. Así lo percibía ya el Presidente:

> "Sin embargo, entre su gente (de Miguel de la Madrid), advierto ciertas posiciones inquietantes. Como si, antes de la Nacionalización, hubieran estado satisfechos de que el próximo régimen partiera de un Presidente caído. Las cosas se han dado de otra manera y si no llego devaluado, sino discutido por muchos y aceptado por más, resulta de la circunstancia de la historia y no de una estructura buscada. Y ahora que estoy en posición distinta, como que no les gusta. Desde luego, objetan la Nacionalización y el control de cambios; recogen al renunciado Miguel Mancera y le levantan la mano, denostando a Tello. ¡Curioso! Dejo fortalecido al Estado y sus funciones. Se siente su malestar en las reacciones sobre la iniciativa de Ley: la »«estatización de la banca»..."[105]

---

[104] Cfr. Ibíd. P. 1277.
[105] Op. Cit. p. 1257.

Tello y Oteyza, gestores de la estatización

Los defensores de la economía de mercado agrupados en organismos empresariales, centros de análisis o la academia, fueron prácticamente unánimes en su juicio: la crisis de 1982 no sólo fue consecuencia de un cúmulo de errores económicos de la administración del Presidente José López Portillo, sino que éstos fueron resultado de una concepción ideológico política de orientación socializante, lo mismo nacional revolucionaria que social demócrata, que consideraba que el Estado debería ser el actor principal de la vida económica, regulando, interviniendo o como dueña del aparato productivo.

Las tendencias de ese tipo no eran nuevas, pero no habían sido predominantes. Desde la llegada de Luis Echeverría al poder, las corrientes de ese tipo adquirieron relevancia, representadas no sólo por viejos políticos de la corriente lombardita re incrustada en el PRI, o por intelectuales como Jesús Reyes Heroles, sino también por la presencia de nuevos militantes, formados en universidades europeas y que regresaron con la idea de transformar al país. A diferencia de los militantes originales del Partido Comunista, luego transformado en Partido Socialista Unificado de México, estos izquierdistas se sumaban al PRI y pugnaban por incorporar su pensamiento al de dicho partido, para desde ahí llegar a los cargos públicos y cambiar la estructura gubernamental y su orientación desde dentro. Esto fue lo que provocó la alarma y señalamientos empresariales respecto de la orientación socialista de la estatización, inspirada por el José Ramón López Portillo, José Andrés de Oteyza y Carlos Tello.

Así lo reconoció el propio López Portillo cuando anota en sus memorias con quiénes operó la "nacionalización":

"Ahí están los nombres de quienes a mi lado estaban y que obligan mi gratitud. En primer lugar, mi mejor amigo, mi hijo José Ramón. Después José Andrés de Oteyza, Carlos Tello, José María Svert y don Carlos Vargas Galindo; en la secretaría, Alicia mi hermana, y en la investigación de «saca dólares», Fausto Zapata. Todos respetaron el secreto…"[106]

Carlos Tello Macías inició en la administración de López Portillo como secretario de Programación y Presupuesto, pero renunció en medio de conflictos con Julio Rodolfo Moctezuma, el secretario de Hacienda. En su renuncia dijo que no había margen para cumplir el proyecto inicial al que se le había invitado, por los condicionamientos del FMI a raíz de la crisis de Echeverría. Negaba ser comunista y se definía como socialista, Tello había expresado su pensamiento al lado de Rolando Cordera, ex militante del Partido Comunista, transformado en PSUM, en el libro "México, la disputa por la Nación".

La revista "Económica", entrevistó a Tello cuando aún ocupaba la dirección de Financiera Nacional Azucarera:

"De acuerdo con Tello, México enfrenta dos opciones: la presentada por el gran capital y la proclamada por los obreros.

"El proyecto elaborado por los patrones –decía Tello- guarda una estrecha afinidad con los esquemas de reestructuración capitalista que hoy promueven con insistencia las cúpulas económicas –y en algunos casos políticos- del capitalismo avanzado, y que han recibido genéricamente el apelativo de neoliberales.

"Por otra parte, los planteamientos de los trabajadores organizados se ubican con toda legitimidad en la matriz estratégica de lo que puede denominarse un proyecto nacionalista de desarrollo, que en el caso de México, tendría como inevitable punto de arranque la revitalización del discurso y de la trama jurídico-institucional, que dio lugar a la Revolución Mexicana y que recogió en lo esencial la Constitución de 1917."

"Un Estado fuerte facilita la satisfacción de necesidades populares ingentes como empleo, alimentación, salud,

---

[106] López Portillo, José, Mis Tiempos, Tomo II, p. 1249.

vivienda, y con base en las organizaciones de masas, tiene un respaldo mayor que se traduce en buen grado a autonomía, frente a las tendencias de quienes quieren ser predominantes."

"De ahí la conveniencia de que el Estado intervenga en el proceso económico y de que se impongan leyes generales de la economía, diques institucionales que modulen su operación e impidan la disolución de la sociedad nacional."

De esta entrevista, Cosme Haces deducía: "Así piensa Carlos Tello, quien no pudo llegar a la Presidencia de la República, sí acabó imponiendo su propio modelo económico al país."[107]

Cosme Haces también reproduce el artículo de Steven Rattner en "The New York Times", del 24 de octubre de ese año, titulado "Mexicos's Cambridge Connection", en el cual se indica la influencia de dicha universidad, donde se insistía en sostener políticas intervencionistas.

"Los de Cambridge, dice el artículo, han objetado vehementemente el apoyo del FMI a la teoría del mercado libre y a sus estratégicas restricciones fiscales y monetarias. El experimento mexicano, desde su inicio hasta la fecha, es el experimento más apegado a estas radicales teorías.

"Ellos opinan que no hay mejor ejemplo de la amplia y decisiva intervención gubernamental en la economía, que la puesta en práctica en México. Tal intervención refleja una forma de nacionalismo que enfatiza el crecimiento industrial, el cual, afirman, es ideal para los países en desarrollo necesitados de políticas expansionistas y proteccionistas". Se trata, pues, de aplicar un modelo Keynesiano.

El artículo advierte que el Centro de Investigaciones de Políticas Comerciales de Londres califica dicha teoría como "extremadamente peligrosa, originada en tesis de lo más arriesgadas, inseguras y explosivas". Dichas políticas serían propiciadoras de

---

[107] Haces, Cosme, Op. cit. p. 27.

catástrofes.

"En México, las teorías 'cambridgeanas' se afianzaron como consecuencia de firmes lazos personales, especialmente en la Secretaría de Patrimonio y Fomento Industrial. Tanto José Andrés de Oteyza, su titular, como Vladimiro Brailowsky, director general del Departamento de Desarrollo Industrial, de la misma dependencia, estudiaron en Cambridge.

"Y el nuevo director del Banco de México, Carlos Tello, fue alumno de Nicholas Kaldor, quizá el más famoso de los economistas de Cambridge en México."[108]

Esperanza frustrada con Miguel de la Madrid

Los empresarios pensaban que Miguel de la Madrid revertiría la estatización de la banca. No fue así. En su toma de posesión el Presidente advirtió: "No superaremos la crisis aspirando a regresar al estado anterior a ella. No se justificaría el esfuerzo ni el sacrificio, ni lo aceptaría el pueblo". Por el contrario, durante el mes de diciembre de 1982, apenas iniciado su gobierno, envió al Congreso un cúmulo de iniciativas de reforma a la legislación, que por su número difícilmente las estudiaron los legisladores o la sociedad.

Con las nuevas reformas no sólo ratificó la estatización de la banca, sino se creó el llamado "Capítulo Económico de la Constitución", dentro del correspondiente a las Garantías Individuales, estableciendo la Rectoría del Estado y la llamada planeación democrática, abriendo un campo discrecional para la intervención del gobierno en la economía, y la institucionalización de un indefinido "sector social de la economía". Estas reformas, que cambiaban la decisión fundamental de la estructura jurídica del país del Constituyente de 1917, con la idea de que existe un "constituyente permanente", sería calificada por Ramón Sánchez

---

[108] Op. Cit. p. 28 y sig.

Medal como un "fraude a la Constitución".[109]

Fraseología o no, el hecho es que en esos momentos críticos donde se suponía vendría la reconciliación, el Presidente Miguel de la Madrid señaló en su toma de posesión:

- Nos sustentaremos en las aportaciones de cada etapa, de cada esfuerzo sexenal y, desde luego, en los avances alcanzados bajo la dirección de José López Portillo. "A su gobierno le debemos múltiples realizaciones: el fortalecimiento del principio federal; un gran empuje a la actividad económica y el empleo; avances destacados en energía y alimentos; incrementos significativos en la educación y seguridad social; apoyo a los marginados; la Reforma Política; la reforma administrativa; las etapas básicas del Sistema Nacional de Planeación; la reafirmación de la rectoría del Estado; la nacionalización de la banca…"

- La nacionalización de la banca es irreversible. Nacionalizar no es estatizar. La banca nacionalizada debe ser del pueblo y no de una minoría de dirigentes.

- El Nacionalismo Revolucionario determinará mi conducta. Es la ideología que sintetiza nuestra voluntad histórica de constituirnos en una vigorosa comunidad política, económica social; es la conciencia de nuestra identidad y proyección colectiva…

- "Se ha difundido un clima `propicio para que los enemigos del sistema, construido con singular empeño democrático por el pueblo, se apresuren a condenarlo indiscriminadamente y fomenten dudas sobre nuestro rumbo histórico."

Desde luego no faltó la interpretación de la izquierda reincorporada en el PRI:

"Acaso en este último párrafo—que denuncia la acción de los enemigos del sistema para cambiar el rumbo histórico de la nación--, se encuentre buena parte de la clave que nos explica la escalada francamente subversiva, que, no siendo

---

[109] Sánchez Medal, Ramón, Fraude a la Constitución, Editorial Porrúa, México, 1983.

nueva, fue replanteada por la derecha mexicana en alianza con intereses foráneos – gubernamentales y privados--, con la cual fue recibido el nuevo gobierno con el mal propósito de torcerle el brazo y obligarlo a la rectificación de la nacionalización de la banca y todo lo que en el orden político e ideológico implicó en el marco de una profunda secuencia histórica interna...

"Haragana o incapaz de un serio esfuerzo de análisis, o quizá, más bien, confiada en el efectismo de la calificación lapidaria, la pugnaz derecha mexicana pretendió atribuir la nacionalización de la banca al arrebato personal de quien la decretó, de tal manera que pareciera más como un acto instintivo que una ineludible necesidad económica y política y, en la simplificación, deducirlo como una medida fácilmente reparable.

"No creemos incurrir en un gesto de temeridad si proponemos la inevitabilidad histórica de la nacionalización de la banca...", escribía el periodista Abraham García Ibarra en 1985, al analizar el "Apogeo y Crisis de la Derecha en México"[110], preocupado por el avance que registraba ya el PAN en esos momentos.

Prohibido hablar de política

De la Madrid condicionó el diálogo con los empresarios, acotando los temas que se podrían abordar. Comenta Francisco Calderón acerca del inicio del gobierno de Miguel de la Madrid:

"También fue preocupante que el Presidente hubiera manifestado que esperaba que los empresarios le trataran los asuntos que directamente les afectaran, pero no que cuestionaran la política económica. Poco después, y en su

---

[110] García Ibarra, Abraham, Apogeo y Crisis de la Derecha en México, El Día en Libros, Sociedad Cooperativa Publicaciones Mexicanas, S. C. L., México, 1985, pp. 117 y 118.

nombre, el secretario Salinas de Gortari dijo que los dirigentes de los organismos empresariales sólo podían hablar ante empresarios y sobre temas empresariales. Como los presidentes de CONCANACO y COPARMEX no atendieron estas indicaciones, De la Madrid durante meses se negó a recibirlos y a asistir a los eventos de las dos instituciones."[111]

Se limitaba la libertad de expresión y, sobre todo, se insistía en que los problemas debían tratarse directamente y en privado, no en público y, menos en los medios de comunicación, pues a través del señalamiento público no se resolverían los problemas. La idea era que no fuera pública la diferencia y, en cualquier caso, los cambios no pudieran ser atribuidos a las dirigencias empresariales, sino a la propia autoría gubernamental. Así la autoridad se reafirmaba como dispensadora de todos los beneficios a los gobernados, sin reconocer la participación de la acción gremial en la representación de sus asociados.

La consecuencia, explica el propio Calderón, fue que la Secretaría de Comercio inició la liberación de los precios de manera discrecional, caso por caso o, sobre todo, sin informar al público,

> "Lo que dio lugar a andanadas de ataques a los comerciantes cada vez que elevaban con autorización oficial sus precios. La Procuraduría Federal del Consumidor amenazó con enviar a la cárcel a los que violaran los precios y don Fidel Velásquez amenazó con 'lanzar las masas contra los comerciantes'. El malentendido tardó meses en aclararse plenamente."[112]

Con el cambio de dirigencia en el CCE y la llegada de Jorge Chapa Salazar a la presidencia del mismo, las relaciones entre el gobierno y los empresarios mejoraron. El Presidente aclaró que "rectoría no equivalía a actoría" y que con las reformas constitucionales pretendía tranquilizar al sector, pero se daba cuenta

---

[111] Op. cit., p. 66.
[112] Ibídem, p. 67.

de que había fracasado.

"Cuando el Presidente preguntó cuáles eran los principales asuntos que quería plantear el sector, se le contestó que eran los activos no bancarios en poder de la banca, injustamente expropiados; la nueva ley financiera y el reconocimiento de las victorias obtenidas por la oposición en algunas diputaciones y gubernaturas. La respuesta fue tajante: 'En este último tema no se metan', no obstante que Don Jorge Chapa le había sentenciado: 'Si ustedes reconocen que perdieron donde perdieron, perdiendo ganan.'"[113]

Aunque el diálogo estaba abierto y el Gobierno hacía concesiones, los problemas económicos subsistieron en la administración de Miguel de la Madrid.

"Seguían existiendo presiones de diversos grupos y de funcionarios gubernamentales para avanzar hacia un sistema socialista, o cuando menos para instrumentar medidas que aumentaran la intervención del gobierno en la vida económica: un grupo comunista se apoderó de Juchitán, Oax.; circularon proyectos para estatizar la industria aceitera, para congelar las rentas de las casas, para establecer un control total de cambios y para someter a control de precios los servicios turísticos; ataque al comercio 'culpable de la inflación' al que había que sustituir por el sector social; un plan de abasto complicadísimo que intentaba controlar productos, envases, tamaños y colores, cuya única ventaja era su imposible aplicación; un proyecto de las asociaciones campesinas de comprar acciones de Tabamex y presiones del PRI para que los pequeños comercios se afiliaran a la CNOP y dejaran CONCANACO, entre otras."[114]

---

[113] Ibíd. p. 73.
[114] Ibíd. p. 76.

Llenaron un vacío

En opinión del periodista Cosme Haces, los partidos de oposición carecían de atracción o de la credibilidad que adquirían los dirigentes empresariales en el contexto de la crisis.

"Lo cierto es que los empresarios vinieron en los últimos meses a llenar el vacío de un líder o una fuerza que aglutinara a la ciudadanía, aterrorizada por la merma de su economía y por la merma de sus libertades, real ya en algunos casos, potencial en otros, ante un régimen estatizante, y para colmo de males sin brújula en la tormenta, de la crisis, expidiendo decretos de emergencia, sin un plan aparente de acción siquiera a corto plazo.

"Los dirigentes empresariales, sin vocación y desde luego sin función de políticos, se convirtieron en aglutinantes de voluntades que demandaban una solución urgente y que exigían, al paso, de la pura denuncia, de la simple teoría, a la acción.

"Nunca imaginaron, o por lo menos nunca pretendieron los dirigentes del sector privado, lo que sucedió con las reuniones realizadas en los estados, de 'México en la Libertad', que se convirtieron en reuniones masivas a las que asistían miles de personas.

"Acostumbrados al juego de presiones, a la componenda palaciega, al arreglo directamente con el hombre en el poder, los dirigentes se encontraron de pronto con que habían producido un fenómeno al que no podían hacer frente: el de la demanda de acción política.

"Y se echaron para atrás.

"Y con razón.

"Pero la necesidad existía".[115]

La transición cívica

Por un lado estaba este nuevo liderazgo social; la ruptura del

---

[115] Ibíd. p. 112

hábito de negociar en privado; el desafío abierto no sólo al sistema, sino a su cabeza: el Presidente de la República. Por el otro lado, los mismos hombres del poder regateaban a los empresarios representación política, pues no habían sido electos en las urnas ni eran miembros de los partidos políticos. ¿Con qué autoridad se erigían frente al gobernante?

Efectivamente, hasta antes de México en la Libertad, los empresarios ni buscaban ni querían el poder político. Había hecho mella en ellos la tesis sostenida por Jesús Reyes Heroles de que Poder Político y Poder Económico no podían ir juntos, aunque muchos políticos, como Carlos Hank González, hicieran del poder un medio para ser empresarios, pero no al revés. Los empresarios creían y consideraban que los cuerpos intermedios gremiales eran una forma de participación política, no partidista, que como grupos de presión incidían en la toma de decisiones de la autoridad. Parecía que dicho camino se había agotado.

Carlos Sánchez Mejorada, ex presidente de la CONCAMIN y del CCE, en la primera reunión de Puebla por la estatización, planteó la necesidad de crear una asociación política que vigilara las acciones gubernamentales[116]. No se trataba de la toma del poder, sino de organizar a la clase media, para que fuera tomada en cuenta su opinión en el proceso administrativo estatal. Recordemos que con la reforma política de ese sexenio se había creado la modalidad de las "Agrupaciones Políticas", con fines más de educación y estudio que de participación electoral. Sin embargo, la idea había tenido poca respuesta o había sido bloqueada por el mismo autor de la idea.

Una de las pocas instituciones creadas a la luz de esa iniciativa era Desarrollo Humano Integral, A. C. (DHIAC), presidida por Ramón Hernández y que en el Congreso del 14 de noviembre de ese año decidió constituirse en Agrupación Política, ahora con el nombre de Desarrollo Humano Integral y Acción Ciudadana.[117]

---

[116] Ibíd. p.113
[117] Cfr. Haces, Cosme, op. cit. p. 113.

Efectivamente, el ex presidente de ese organismo, Jaime Aviña Zepeda, explica cómo esa Agrupación atrajo a algunos de los empresarios que habían participado en las protestas, pero aún no daban el brinco hacia la política, paso que él mismo daría como candidato del PAN a diputado, derrotando a Paco Estanley, quien era el candidato del PRI.

Francisco Barrio, José Luis Coindreau, Rogelio Sada, Gerardo Pellico, Ernesto Rufo Appel, Humberto Rice, Jorge del Rincón, Manuel J. Clouthier, José María Basagoiti, Luis Felipe Bravo Mena, Jorge Espina, Rodolfo Elizondo, Alfredo Sandoval (quien luego fuera su presidente), fueron algunos de los empresarios que entraron en contacto con este organismo y de un modo u otro participaron en sus actividades. Ellos fueron precursores de empresarios que más tarde se integrarían a otras organizaciones políticas, como Coordinadora Ciudadana, en donde participaran Antonio Sánchez Díaz de Rivera, luego subsecretario de la SEDESOL y diputado, y Josefina Vázquez Mota, secretaria de SEDESOL y de Educación Pública y más tarde candidata a la Presidencia de la República.

Empresarios, hagan política

De hecho, el país había vivido una ausencia política de años, abandonando el terreno político como algo contaminante en sí mismo, y no propio para personas decentes. La corrupción, el servilismo, el abuso y la explotación de los demás en el ejercicio del poder, habrían impulsado a guardar distancia. La condición parecía haber sido, "yo no me meto con el poder, si el poder no se mete conmigo".

Sin embargo, todo tiene un límite. Ya sea por propia convicción o por impulso de otros, las personas evolucionamos y asumimos nuevos papeles. La coyuntura de la estatización de la banca y las reuniones de México en la Libertad crearon un ambiente propicio, pero aún en el ámbito de los organismos empresariales o los cívicos. La presión social para que no "invadieran" el campo político era continua.

Sólo participando en política, decía Agustín Navarro Vázquez, dejarían de ser "vacas ordeñadas" a las que se les quita la leche y luego se desprecia. "Al empresario mexicano se le considera como una vaca lechera cuya única misión es producir, y producir leche para todos. Es la 'pila de agua bendita' a la cual todos acuden solicitando algo que después no le agradecen."[118] Y más adelante explicaba:

> "La principal causa de ser considerados como 'vacas lecheras' se debe a que los empresarios NO se defienden y los políticos los derrotan y eliminan fácilmente. Son insultados, vilipendiados y vejados. Terminan despojados y expropiados. Se elimina el anonimato de las acciones, el Estado crece, aumenta SU RECTORÍA económica al infinito, se reserva para sí las principales actividades económicas, petróleo, energía de todas clases, electricidad, energía nuclear, ferrocarriles, aviación, banca y crédito, etcétera, etcétera."[119]

Les reprochaba, además, que no supieran defenderse, de ahí que la situación que se vivía era, en parte, culpa suya: "Si se hubieran defendido a tiempo no se habría expropiado la banca, estamos seguros…"[120]

> "El abstencionismo político mexicano —decía-, es por tanto, una de las más importantes causas de la debilidad de los partidos políticos en México a un grado tal que se ha llegado a considerar como un país de partido único, despreciando a los demás.
>
> "Nadie, sino los mexicanos somos los culpables directos de la grave situación, pues el llamado partido oficial, es el grupo más organizado y de mayor consistencia y constancia que existe. Por ello, ha influido definitivamente sobre los

---

[118] Navarro Vázquez, Agustín, Empresarios y política, Edición del autor, p. 49.
[119] Ibid. p. 50.
[120] Ibid. P. 34.

destinos políticos del país, eliminando la democracia.

"El constante crecimiento del Estado y el crecimiento de su intervención en la vida de las instituciones y de los ciudadanos, está resultando ya intolerable.

"Esto obliga a una participación activa de todos y cada uno de los grupos sociales y económicos en la política activa para remediar este grave problema.

"Esta participación política, si resulta suficientemente activa, tendrá como resultado inevitable la decisiva participación de todos los grupos y de todas las personas en el poder político, lográndose así ideales democráticos... De hecho se le ha concedido a la oposición una mayor participación política mediante los diputados 'de partido'. Esto hace parecer en el extranjero una falsa apariencia de democracia"

"El empresario ha perdido su capacidad de defensa. No ha querido o no ha podido advertir el gravísimo peligro que se cierne sobre México, La ofensiva antiempresarial domina los medios de comunicación en todos sus aspectos y ha ganado el dominio del país.

"Los grupos empresariales y sus líderes tomaron actitudes cada vez más prudentes. Se diría que no quieren 'cooperar' a agravar la crisis. Se ha pretendido ignorar que la crisis moral y económica de México es producto de un proceso esencialmente político. Sólo muy de vez en cuando levantan su voz de protesta. El diálogo con el gobierno se convirtió en monólogo oficial.

"La situación más lastimosa es la débil posición de la iniciativa privada frente a la izquierda cada vez más fuerte y más organizada. La tendencia oficial es abiertamente de izquierda, tanto en política interna como la externa principalmente.

"Por lo que se refiere a los medios de comunicación, la izquierda antiempresarial se ha apoderado del liderazgo de muchos medios. Se apoderó ya también de las 'relaciones públicas' y ha logrado por todas partes: a) que se le tolere (multipartidismo), a pesar de que excluye a todos los demás; b) que se le admita complicidad); c) que se le admire (atribuyéndole una 'buena fe' que no tiene); d) y que se simpatice con ella (por su falso humanismo)."[121]

Para reforzar sus argumentos citó al empresario Andrés Marcelo Sada:

"Los empresarios tienen ahora más que nunca la obligación de participar en la vida pública y de formar como ciudadanos asociaciones para militar en la política, como lo hacen otros organismos"[122]

A lo largo de 142 páginas esgrimía argumentos para impulsar a los empresarios a participar en política, para concluir:

"En forma tímida los empresarios ya decidieron en recientes fechas en número reducido intervenir personalmente en elecciones municipales. Obtuvieron notables triunfos como el de Chihuahua y otros Estados. Esto los alentó y multiplicaron sus esfuerzos, pero se encontraron la nueva estrategia oficial de acusar a los candidatos de oposición de diversos delitos con el doble fin de impedir a toda costa el triunfo y dejarlos desacreditados y vejados.

"Esta táctica se usó en Mazatlán, Puebla, etcétera, y los falsamente acusados se libraron de la cárcel, pero se les arrebató el triunfo con la vieja técnica".[123]

El neopanismo

A pesar de que la estatización de la banca era un triunfo de la izquierda, pues respondía a las tesis que el PSUM había sostenido y a las aspiraciones de los ideólogos lombardistas que en ese tiempo inspiraban las posiciones de la CTM, ni los partidos de esa corriente

---

[121] Ibídem, pp. 55 a 58.
[122] Navarro Vázquez, Agustín, Empresarios y Política, p. 143
[123] Op. cit. p. 142.

ni las fuerzas revolucionarias dentro del PRI estaban preparadas para capitalizar políticamente y de forma definitiva ese hecho.

Roger Bartra, inquieto por esa situación escribió:

"Súbitamente los temas más debatidos por la izquierda –el Estado, la democracia, el socialismo- adquieren una dimensión real, dramática, coyuntural y tangible. Y contra todo lo previsto, los grandes remedios decretados por el gobierno proceden del recetario de la izquierda: de la noche a la mañana, sin previo aviso, la izquierda mexicana –que ya se disponía a defenderse de los golpes de la moralina tecnocrática con que se anunciaba el próximo gobierno- es empujada al foro como protagonista espiritual –que no material- de la crisis. Nunca la izquierda mexicana había vivido esta singular mezcla de gran fuerza y extrema debilidad: fuerza de las ideas, debilidad política; fuerza cultural, debilidad social; o, como diría un militar, fuerza estratégica, debilidad táctica. He aquí el reto de la izquierda."[124]

La respuesta llegó de otro lado. Los "dhiacos" y otros empresarios motivados por los sucesos del 82, y ante el rechazo indebido de De la Madrid y su grupo para que opinaran de política, por aquello de que por un lado estaba la "sociedad política" y por el otro la "sociedad civil", y sólo a aquella le correspondía dicha actividad, los empresarios empezaron a sumarse al PAN como principal puerta abierta que encontraron para ser políticos. Así surgió una corriente que habría de ser denominada "neopanismo".

El neopanismo adquiría una característica relevante con los empresarios: no iban a dar testimonio, no asumían una brega de eternidad. Iban por resultados, como lo hacían en sus empresas. Esto no fue del agrado de los tradicionalistas del PAN, a quienes se les llamaba "familias custodias" por ser un grupo cerrado que no alentaba la afiliación al partido para no perder el control del mismo.

---

[124] Bartra, Roger, El Reto de la Izquierda. Polémica del México actual, Editorial Grijalbo, S. A., México, 1982, p. 11.

México en la Libertad fue el punto de quiebre para el grupo de empresarios que al ver que los organismos intermedios empresariales tenían límites para incidir en las decisiones gubernamentales, entendieron que la única forma de realizar cambios en el país, era la política partidista para asumir democráticamente posiciones de poder desde las cuales realizar cambios. Fue así como Manuel Clouthier consideró "que ya no podía mantenerse al margen de la política partidista y, por lo tanto, debía tomar postura para impulsar un cambio político en México", atestigua Tatiana Clouthier.[125] Estudió los principios de los distintos partidos políticos y se decidió por el PAN por sus conceptos de persona, bien común, solidaridad, subsidiariedad, justicia social y democracia.[126]

Es falso, por tanto, que ya anteriormente sirviera a los propósitos de ese partido. Hubo, incluso, quienes trataron de desprestigiarlo diciendo que antes había buscado un puesto apoyado por el PRI. Entre quienes señalaban a Clouthier como panista estaba Alfonso Pandal Graf, según lo dejó consignado en sus memorias. Sin embargo, durante la presentación de éstas, el expresidentes de los banqueros, Carlos Abedrop, rechazó las afirmaciones del ex Presidente de la CONCAMIN:

> "No comparto tus juicios críticos sobre los dirigentes de aquella protesta a quienes acusas de politizar el movimiento y aspirar a puestos público. Mi opinión es que fue la gravedad de la crisis política y la valiente rebeldía ante el poder absoluto y arbitrario del Presidencialismo lo que arrastró a algunos líderes empresariales de la capital, pero sobre todo de la provincia a participar activamente en la política partidista. Este fue el caso de Clouthier y Goicoechea y muchos más, entre ellos el actual Presidente Vicente Fox que ha comentado públicamente como lo

---

[125] Clouthier, Tatiana, Maquío, mi padre. El hombre y el político, Grijalbo, México, 2007. P.145
[126] Cfr. Ibíd.., p. 146.

reclutó Clouthier al PAN después de su compartida militancia empresarial."

"Admiro mucho a los líderes empresariales que encabezaron la corriente de 'confrontación' como tú la llamas, creo que prestaron un gran servicio a México. Sin embargo —añade benevolente-, no hay bases para censurar a los que responsablemente siguieron como CONCAMIN, la corriente de la 'conciliación'. Esa fue la que adoptamos los banqueros. Decidimos la entrega pacífica de los bancos y la exhortación al personal para que siguiera en sus puestos sirviendo al público y al país. Con esa decisión, para quienes la tomamos, se iniciaron los insomnios y las dudas que 20 años después subsisten…"[127]

El liderazgo adquirido por Manuel Clouthier durante su gestión al frente del Consejo Coordinador Empresarial se incrementó cuando tuvo el valor de romper con la lógica del sistema y convencido de que había que terminar con el presidencialismo, se afilió al PAN

"… para Manuel Clouthier era muy claro que el país no podía depender de la palabra de un presidente. López Portillo había dado la mejor muestra de lo impredecible que se tornaba el futuro de un país cuando sus decisiones fundamentales recaían en la voluntad cambiante de un individuo. Por eso era necesario construir junto con la sociedad los contrapesos al poder presidencial, hacer efectiva la división de poderes establecida en la Constitución. Maquío sabía que esa era una tarea difícil que no podría lograr desde el ámbito empresarial, tendría que buscar otra trinchera desde donde aplicar sus dotes de líder y la experiencia que había logrado como dirigente empresarial"[128].

---

[127] Texto de la presentación que obra en mi poder.

[128] *Maquío. La fuerza de un Ideal*, Partido Acción Nacional, México, 2002, p. 46.

Aquí y allá empezaron a surgir nuevas candidaturas, no siempre bien vistas por los antiguos militantes del partido, que ante el empuje de los empresarios, se sentían desplazados. Sin embargo, en 1983 se dio una oleada de triunfos que dieron nueva vitalidad al PAN. Unos fueron exitosos, como Francisco Barrio en Ciudad Juárez o Rodolfo Elizondo en la capital de Durango. Otros, pese a haber levantado verdaderas oleadas de apoyo y tener conciencia de su triunfo, fueron inicialmente despojados de su victoria, como Humberto Rice, ex presidente de la CANACO de Mazatlán, que tres años más tarde refrendaría su victoria en la presidencia municipal y posteriormente sería diputado.

Deliberada o espontáneamente, los neopanistas asumieron una estrategia de abajo hacia arriba. Iban por las presidencias municipales, que consideraban más fáciles de conquistar y en donde tendrían la oportunidad de adquirir experiencia administrativa. Irían, luego, por posiciones en el Congreso, más tarde por las gubernaturas y, finalmente, con Vicente Fox, por la Presidencia de la República.

Uno de los momentos críticos de fortalecimiento del neopanismo resultante de la incursión del empresariado, fue la elección de 1986 en Chihuahua, donde Francisco Barrio enfrentó a Fernando Baeza para ser derrotado en un fraude que indignó y movilizó a la sociedad, que aunque no alcanzó la gubernatura ese año, la lograría seis años después.

Barrio fue uno de los empresarios que fueron formados en la COPARMEX a través de los cursos de Liderazgo Empresarial y encuadrado en las filas de Desarrollo Humano Integral, A. C. (DHIAC), y más tarde fue parte del grupo que apoyó a Vicente Fox en su campaña y formó parte de su Gabinete en el 2 mil.

En el análisis de los candidatos que se enfrentaban ese año y las condiciones políticas de Chihuahua, la revista Vértice publicó:

"Dicen los detractores del Partido Acción Nacional que su estructura y objetivos están determinados por la lealtad al sistema, en un juego o ficción dedicado a la ciudadanía, sólo para cumplir oficial y públicamente con el proceso electoral otrora 'legitimador' de nuestra democracia ejemplar. Todo ello, claro está, porque las verdaderas disputas se dan dentro del partido (PRI), con el supuesto fin de conservar la unidad revolucionaria.

"Siempre se hablaba de las negociaciones para llegar a unas elecciones limpias, sin mancha indeleble, porque supuestamente no había razón ni motivo para el cambio de un sistema que lo daba todo a todos. Aún más cuando el 'desarrollo estabilizador' logró para México una de sus postrevolucionarias.

"Sin embargo, cuando mejores épocas López Portillo ilusionó a medio mundo con aquello de que deberíamos prepararnos para 'administrar la abundancia', en realidad se convirtió en el principal promotor de la verdadera oposición democrática, del neopanismo. Todos enfrentaron la falacia posterior, la reversión hacia la 'administración de la crisis'".[129]

Barrio se convirtió en símbolo del empuje de los "bárbaros del norte", con actitudes y acciones que, incluso, dividieron a los panistas a nivel nacional, pues no siempre fue bien visto por el centro, por los despreciados chilangos.

Enrique Krauze comentó sobre este caso:

"En Ciudad Juárez había triunfado un <<neopanista>>, el joven contador Francisco Barrio. Su trayectoria se parecía a la de (Luis H.) Álvarez, sólo que exactamente treinta años más tarde. Como Álvarez, Barrio trabajó en la iniciativa privada de Ciudad Juárez; dirigió una empresa de ciento cuarenta personas (su <<escuela de liderazgo>>); llegó a la presidencia del Centro Empresarial y a raíz del <<shock de la nacionalización bancaria>> decidió ingresar al PAN. Los mártires panistas se sorprendieron de la frase del neopanista: <<El PAN pierde porque tiene mente

---

[129] *Chihuahua: ¿Incubadora de una nueva democracia o tumba del sistema?,* Revista Vértice, Año 1, No. 2, 30 de junio de 1986, p.19.

perdedora>>. Lanzó su candidatura a la presidencia municipal de Ciudad Juárez. <<Si no ganamos, sacudimos>>, les respondía. Y ganó."[130]

En 1986 Barrio luchó por la gubernatura del Estado y el pueblo se volcó a su favor.

"Era una oportunidad formidable. La opinión pública, la sociedad no corporada, fuera del sistema, hubiera aplaudido el tránsito paulatino a la normalidad democrática. La reacción internacional hubiese sido de entusiasmo. Pero el gobierno dejó pasar el tren de la democracia y echó a andar la maquinaria de la <<alquimia electoral>> en Chihuahua. <<El fraude estaba canijo>>, pero se dio: victoria del PRI, derrota del PAN."[131]

"Bartlett –que en su juventud había sido un colaborador y ardiente partidario de Carlos Madrazo- escuchó los argumentos (de 21 intelectuales que denunciaban el fraude, señalaban las irregularidades, pedían la anulación de la elección y nuevas elecciones) y no movió un ápice su posición. Al final de la cena sugirió que se había cometido un fraude, pero era un <<fraude patriótico>>. Cualquier disturbio, advirtió, se toparía con la fuerza pública.

"Era un error histórico. Chihuahua podía haber sido la cuna de la democracia; pero al decidir que no lo fuera, el gobierno de la <<renovación moral>> perdió su gran oportunidad de encabezar el cambio democrático."[132]

Para redondear: Luego el mismo Bartlett "descompuso" el sistema de cómputo en 1988 ante la evidencia de la derrota de Carlos Salinas de Gortari. "EL propio sistema llamó al desperfecto –con humor involuntario, con justicia poética- <<la caída del sistema>>.

---

[130] Krauze, Enrique, La Presidencia Imperial, Ascenso y caída del sistema político mexicano (1940-1966), Tusquets editores, Colección Andanzas, México, 1997, p. 405

[131] Ibíd., p. 410.

[132] Ídem. P. 412.

Se refería, claro, al sistema de cómputo, pero el ciudadano común comprendió que el que había caído era otro, el verdadero, el presidencialismo mexicano."[133]

De una votación raquítica del PAN en la elección presidencial de 1982, el PAN empezó a registrar un crecimiento notable en el número de votos y en la conquista de cargos públicos. Las candidaturas de empresarios o de líderes de nuevo cuño, que arrastraban a la sociedad, se empezaron a multiplicar por todo el país: Nuevo León, Sonora, San Luis Potosí y Chiapas vieron un nuevo dinamismo electoral. Lo mismo ocurrió en 1986, cuando Clouthier, bajo el lema de "Cruzada por la Salvación de México", participó como candidato al gobierno de Sinaloa, logrando una movilización sin precedente que obligó al PRI a realizar un fraude electoral en beneficio de Francisco Labastida Ochoa.

El PAN adquiría la competitividad política que se había dado de manera esporádica en algunas entidades, como en Baja California con Rosas Magallón o Correa Rachó en Yucatán.

La democratización crecía como bola de nieve. El país oscilaba entre triunfos municipales y de diputados, y fraudes en los gobiernos de los Estados. Parecía que el sistema daba muestras de apertura, pero no tanta.

Correspondió a otro dirigente empresarial, procedente del Centro Patronal de Ensenada, en B. C., después de conquistar la presidencia municipal de esa localidad, ser el primer Gobernador de la oposición, bajo las siglas del PAN, después del férreo control del PRI desde su fundación como PNR. El empuje neopanista y la coyuntura política del bicentenario de la Revolución Francesa, instauradora de la democracia como forma de gobierno, así como el ánimo de Carlos Salinas de Gortari de vencer las resistencias sociales por la percepción generalizada de su arribo ilegítimo al poder, permitieron esa victoria.

Otro Estado donde el neopanismo logró fuerte impulso, fue Guanajuato, donde si bien existía una larga historia de oposición,

---

[133] Op. cit. pp. 413 y 414.

con mártires políticos acribillados por la arbitrariedad del poder, nunca habían logrado el reconocimiento de la victoria y, cuando más, habían conseguido la anulación de las elecciones para constituir gobiernos cívicos.

Con Vicente Fox como candidato, el PAN se hizo de la victoria, pero Salinas no podía admitir que un ex diputado que se había burlado de él en la Cámara durante su informe de Gobierno, triunfara. Así que se empeñó en imponer a Ramón Aguirre, quien fuera precandidato presidencial en la "pasarela" que inventó Miguel de la Madrid y para quien Guanajuato quedaba como premio de consolación.

Pero el pueblo no aceptó y se inició una resistencia social que no fue posible vencer, de ahí que fuera necesario sustituir a Ramón Aguirre. Sin embargo, no se quiso reconocer al verdadero triunfador, Vicente Fox, y se nombró como gobernador provisional al presidente municipal de León, Carlos Medina Plasencia. Seis años más tarde Fox volvería a ser candidato y a ratificar su victoria. Se había hecho justicia.

Carlos Medina es representativo de lo ocurrido en el tránsito del empresariado a la política. Fue él uno de los hombres que adquirieron conciencia de la problemática, a raíz de la estatización de la banca. Formado en la USEM, integrante del Centro Patronal de León y miembro de la Asociación Nacional de Curtidores y Consejero de COPARMEX, ha dejado por escrito su experiencia:

"La inestabilidad que comenzaba a vivir el país al final del sexenio del presidente José López Portillo, fue el detonador de una visión más amplia de la política. Para mí, la expropiación de la banca significó la culminación de la forma patrimonialista de entender y operar la política, y el resorte último para decidirme a dirigir mi actividad hacia lo social y lo político partidista."[134]

"La visión pesimista alimentada desde el gobierno se

---

[134] Medina Plascencia, Carlos , Ahora es cuándo, Editorial Océano de México, S. A. de C. V., México, 2004 p. 27.

150

convirtió en una negra realidad para el futuro del país. El país fue llevado a un barranco frente a los ojos de millones de compatriotas y casi nadie había hecho nada."[135]

"En este contexto, la expropiación decretada por López Portillo se percibía como la culminación de un proyecto político-ideológico, generando con ello un divorcio entre enormes grupos de la sociedad, pues quienes las aplaudieron fueron aquellos con afinidad ideológica con respecto a la medida o quienes por disciplina o convencimiento tenían que hacerlo. Pienso que para la mayoría de los mexicanos fue una medida desconcertante."[136]

"Es cierto había empresarios que se adecuaban a esa relación política a cambio de tener contratos, relaciones políticas, concesiones y hasta proteccionismo para sus actividades, y aunque muchos estuvieran en desacuerdo, eran pocos los que se atrevían a hacerlo públicamente. En otra parte del sector, comenzó a generarse una idea de responsabilidad social y se empezó a entender que al haber dejado la política en manos de unos cuantos y el brutal daño económico que se comenzaba a resentir en todos lados obligaba, en conciencia, a tomar posiciones distintas en los organismos privados y en forma personal a muchos de nosotros".[137]

"Indignados por el proceder del Presidente López Portillo al haber pisoteado la Constitución para expropiar la banca, al sentirnos saqueados y manipulados por una medida que metía al país en una vorágine populista, decenas de grupos cívicos y algunos empresariales efectuaron reuniones en el Distrito Federal, León, Mérida, Monterrey para manifestar su protesta, sus opiniones sobre las causas de la crisis en

---

[135] Ibid. p. 31.
[136] Ibídem, P.33.
[137] Idem, P. 37.

que estaba inmerso el país. Ésas fueron las reuniones 'México en la Libertad', a las que una vez quisieron boicotear las anónimas amenazas de bombas en los aviones donde viajaban los expositores."[138]

Fue en esa circunstancia que Carlos Medina, luego presidente municipal de León, Gobernador de Guanajuato, diputado y senador, se inició en la política.

El nuevo estilo del PAN

El neopanismo se volvió arrollador primero dentro del PAN, y más tarde en la democracia nacional. La inyección de nuevos aires en las filas del panismo transformó su imagen pública, y en la medida en que asumían el liderazgo empresarios conocidos y respetados en sus lugares de origen, otros más se sumaban. Lo mismo ocurría con profesionistas que se habían mostrado distantes de la política "para no contaminarse".

Por supuesto que no todos los militantes del PAN aceptaban la nueva oleada de militantes. Incluso Pablo Emilio Madero, que había sido bloqueado por la dirigencia del Partido cuando intentó ser candidato a la Presidencia, por "estar al servicio de los empresarios", como dijeron los dirigentes custodios del partido, no vio con simpatía el nuevo movimiento.

"Los estados del norte dieron un tono diferente a sus campañas mediante una mercadotecnia agresiva, métodos dinámicos de organización y sólidas estrategias para enfrentar el autoritarismo y la represión, lo que posicionaba electoralmente al panismo. Surgieron nuevos liderazgos dispuestos a acabar de una vez por todas con el régimen del PRI y la fuerte discusión sobre la licitud de esa nueva imagen, que muchos juzgaban estridente, llevó en 1986 a "Maquío" Clouthier, a Pancho Barrio de Chihuahua y a Rodolfo "el Negro" Elizondo de Durango, a recibir un

---

[138] Idem, p. 40.

severo extrañamiento por parte de Pablo Emilio Madero como presidente del PAN".[139]

Cuando llegó el momento de la sucesión presidencial en tiempos de Miguel de la Madrid, una terna empezó a disputarse la candidatura: Jorge Eugenio Ortiz Gallegos, Jesús González Schmall y Manuel Clouthier. Los dos primeros representaban las corrientes tradicionales del partido y el "Maquío" era la más clara expresión del neopanismo. No iba solo, sino que muchos integrantes del DHIAC también se sumaron al PAN. Otro tanto hicieron empresarios de todo el país y ciudadanos que habían sido indiferentes o que no encontraban una opción política creíble, de pronto se integraron al PAN. Era un fenómeno nuevo, un despertar cívico.

Eugenio Ortiz Gallegos sufrió un accidente automovilístico y se retiró de la contienda. Las "palomas", según explicó Clouthier, se opusieron en un principio a los "halcones" y algunos al verse desplazados abandonaron el partido. Sin embargo, Luis H. Álvarez, que fue empresario y dio testimonio electoral y de valor, como la huelga de hambre que realizó en Chihuahua, supo atraer y encauzar a la nueva corriente. El propio Clouthier pugnaba porque las dos corrientes se complementaran y de las dos posiciones se sacara provecho, según las circunstancias.[140]

Hubo, sin duda, resentidos que no superaron haber perdido protagonismo, y que lejos de asumir que gracias al nuevo impulso el PAN propició la alternancia política en el país, dejaron el partido. Se podría decir que hubo una nueva versión de neopanismo a partir del año 2 mil, cuando Vicente Fox llegó a la Presidencia de la República, debido a que se sumaron al PAN no sólo amantes de la democracia, sino desertores del PRI y del PRD, que vieron oportunidades reales de colmar sus ambiciones políticas cambiando de camiseta. Todavía el 13 de septiembre de 2006, Eugenio Ortiz Gallegos, uno de los desplazados, escribía con dolor en El Universal:

"El neopanismo. Tal nombre se le dio a la penetración de los grupos que decidieron apoderarse del PAN a partir de los

---

[139] Maquío, p. 83.
[140] Ibídem, p.84.

comienzos de los 80. Neopanismo no quiere decir ´reciente militancia'. La semántica hace que neopanista resulte el militante de nueva orientación política, como la de cerca de 3 mil empresarios o funcionarios de negocios, que a lo largo de 10 años se han apoderado del PAN, fueron instruidos y orientados por el "Instituto de Promociones Estratégicas", promocionado por el sindicato de los patrones, la Coparmex, y sostenido con dineros que llegaron a provenir del Partido Republicano de Estados Unidos; mandando la doctrina de vacaciones, como demandara el entonces gobernador de Guanajuato, Vicente Fox. El neopanista es pragmático, busca el poder político para los intereses del grupo afluente. Un sinnúmero de tales neopanistas de la IP figuran en las planillas electorales y ocupan los puestos dirigentes del PAN, cuyo perfil es hoy definitivamente el de una institución de clase empresarial."

Estas palabras reflejan el resentimiento de quienes, aunque con méritos en la lucha por la democracia, no lograron ser efectivos en conseguirla. Quizá el mayor golpe que resintieron fue la candidatura de Manuel J. Clouthier a la Presidencia de la República en 1988, pues con pocos años de militancia, en la Convención del Partido que habría de elegir al candidato, derrotó por "nocaut" al diputado y coordinador de la legislatura panista, Jesús González Schmall, con 33 años de militancia, y a Salvador Rosas Magallón, fundador del partido, que se sumó tardíamente a la contienda.

Los vientos de la democracia toman fuerza

Todos los mexicanos teníamos conciencia del gobierno autoritario imperante en el país desde la fundación del PNR, y el poder concentrado en el Presidente. Así lo escribe Alejandra Lajous y señala que:

"Dadas las amplísimas facultades, legales y extralegales, del presidente de la República, y dado también el abrumador predominio del partido político oficial, apenas puede exagerarse si se afirma que el problema político más importante y urgente del México actual es contener y aun reducir en alguna forma ese poder excesivo".[141] Lo mismo escribió Daniel Cosío Villegas:

"El obstáculo mayor para democratizar los procedimientos del partido y, en general, la actividad pública del país es, por supuesto, lo que se llama el "tapadismo", es decir, la selección oculta o invisible de los candidatos del PRI a los puestos de elección popular, sobre todos los superiores y particularmente el de presidente de la República."[142]

Las voces democratizadoras, que siempre existieron, tomaron nuevo aliento. Se empezó a interpretar el movimiento estudiantil del 68 como un parteaguas en la lucha democratizadora, a pesar de que muchos de sus líderes fueron asimilados por el Gobierno de Echeverría o los posteriores, y que en su momento fue más afín a las consignas marxistas que a la lucha democrática. Pero, a fin de cuentas, había sido un grito contra el autoritarismo del sistema que había sido acallado por la fuerza.

La realización de las reuniones de México en la Libertad y la continuidad de la crisis económica en el "sexenio perdido" de Miguel de la Madrid, fueron dando cauce a voces diversas que incidían en la apertura democrática del sistema, que no se había alcanzado con la reforma política de Reyes Heroles. Enrique Krauze se plantó para hacer frente a las nuevas interpretaciones que desde el PRI se hacían a la democracia, con su popular obra *Por una Democracia sin Adjetivos*[143], recopilación de diversos ensayos, que se volvió punto de referencia.

Aún los empresarios que no militaban en los partidos, pero coincidían en la necesidad de acotar el poder presidencial, invitaban a Krauze a sus reuniones para que expusiera sus planteamientos. Como hombre apartidista adquiría autoridad moral, al lado de

---

[141] Op. cit. p. 68.

[142] *El Sistema Político Mexicano*. p. 58.

[143] Krauze, Enrique, *Por una democracia sin adjetivos*, Joaquín Mortiz, México, 1986.

Octavio Paz, quien ya desde *El Laberinto de la Soledad* había señalado:
"Desde la época de Carranza, la Revolución mexicana ha
sido un compromiso entre fuerzas opuestas; nacionalismo
e imperialismo, obrerismo o desarrollo industrial, economía
dirigida y régimen de 'libre empresa', democracia y
paternalismo estatal."[144]

Aunque Paz consideraba que el desarrollo del país no habría sido
posible dentro del marco del capitalismo clásico, en sus últimos años
adquirió una mayor conciencia democrática y se distanció del
intervencionismo gubernamental, según expresara en su libro *El
Ogro Filantrópico*[145], escrito precisamente en el contexto de la crisis
económica de los setentas, y en *Tiempos Nublados*[146], después de la
estatización de la banca.

Al mismo tiempo, y no sin cierta complicidad de Miguel de la
Madrid, quien enarboló la bandera de la "Renovación Moral" como
una de sus tesis de campaña, se inició una campaña de desprestigio
contra José López Portillo, no sólo por sus ostentosas viviendas en
la denominada "Colina del Perro", sino por la actuación de algunos
de los miembros de su equipo de gobierno, como Arturo Durazo.
Los libros y artículos de acusación contra el rey caído se
multiplicaban en ese rito de que un presidente, para adquirir poder,
debía "aniquilar" y anular a su antecesor. Así lo registró el propio
López Portillo en *Mis Tiempos*:

"Desde los norteamericanos a los francotiradores de
derecha, todos buscan expresa o implícitamente, un cambio
en el sistema político mexicano. Y todos ellos coinciden en
el que proponen las estructuras actuantes de los E. U. A
(congresistas, fundaciones, militares, CIA y demás) y que,
por otra parte, dada la debilidad de la izquierdas, es en
México el único viable: moralizar, debilitándolo, el

---

[144] Paz, Octavio, *El Laberinto de la Soledad*, Fondo de Cultura Económica,
México, Séptima Edición, 1969. p. 161.
[145] Paz, Octavio, El Ogro Filantrópico, Seix Barral, México 1979
[146] Paz, Octavio, Tiempos Nublados, Seix Barral, México, 1983

presidencialismo mexicano, mediante el fortalecimiento de un Partido de derecha en el que estén representados los intereses de la burguesía transnacional y que, como Partido opositor del PRI, construya un bipartidismo actuante, que elimine el pluralismo y su pluripartidismo, como vía real para modificar la Constitución y acabar con la Revolución Mexicana expresada en los artículos 1°., 3°, 27, 28, 123, 130 y 131 y todos los que la expresen; las leyes de ellos emanadas y las grandes nacionalizaciones cumplidas en el país. Así de simple, sabio y eficiente.

"Después de leer el discurso de Reyes Heroles con el que se oficializaba el desprestigio a todo lo que podía yo significar, pinté el cuadro que me había prometido desde que escribí *Don Q*: la gran *Carcajada de la dignidad humana...*"[147]

El país empezó a reaccionar y se republicaban artículos como el de Eva Velázquez, en El Heraldo de México, inconcebibles en otros tiempos, donde enumeraba las causas por las que en México no había democracia:

"a) El partido 'único' o casi único, invencible y monopolista del poder. "b) La 'auscultación' de los candidatos que, si se hace, sólo se hace entre ellos: los políticos. Los ciudadanos no contamos.

"c) La LOPPE, ley electoral, fue hecha para 'estorbar' no para ayudar.

"d) El 'tapadismo' es la más vergonzosa institución política que ha existido en parte alguna y que da 'oportunidad' a quienes no la merecen y la quita a quienes sí la merecen.

"e) El 'dedazo presidencial' que 'destapa' al tapado infalible.

"f) La 'borregada' oficial que mansamente sigue a los 'pastores'.

"g) Los 'cómputos de votos' que los hace el propio

---

[147] P. 1278.

gobierno y no un órgano totalmente independiente.

"h) La 'calificación' de las elecciones que inconcebiblemente las hace el 'Colegio Electoral' o sea los mismos interesados.

"i) La fuerza que el 'poder' da a su 'partido' que compite ventajosamente con los demás desde una posición de prepotencia.

"j) El 'fraude electoral' que no se persigue y tiene éxito.

"k) El 'presidencialismo' que otorga al presidente poderes jamás soñados.

"l) El dinero 'oficial' sin límite que apabulla a los contendientes.

"m) La confusión entre 'El partido en el poder' o 'El poder en el partido'.

"n) El control 'oficial' de la prensa por medio del papel periódico.

"o) El control oficial de los medios de comunicación, radio y TV por rígidos reglamentos.

"p) El control oficial de los sindicatos.

"q) El justificado temor de los empresarios, hombres de negocios profesionistas de 'inmiscuirse' en política.

"r) La 'interferencia' de la política en los negocios.

"s) La desventaja de la lucha entre políticos ricos y particulares.

"t) La inexistencia de una verdadera carrera política.

"u) La corrupción generalizada en la política.

"v) La 'imposibilidad' de un candidato presidencial 'independiente'.

y) La 'reforma política' que no llegó al Senado, a los gobernadores y ministros."[148]

Por su parte, Rafael Ruiz Harrel escribía en 1986:

"Los vicios de que adolece el presidencialismo mexicano

---

[148] Cfr. N Navarro V., A, Empresarios y Política, edición del autor, sin fecha. P. 10.

son muy numerosos, mas uno de los decisivos consiste en imprimir en nuestros mandatarios, en calidad de noción indeleble, la idea de que ellos son México y al colocarse la banda tricolor el país no tiene ninguna otra representación visible, ninguna otra posible encarnación. Creen, y lo creen seriamente, con una convicción infinita, que durante su mandato ellos son el "Estado" y la "Nación" y, en consecuencia, que diferir de su juicio o creerlos humanos, capaces de equivocaciones y de tonterías, es atentar contra la historia, un hecho antipatriótico y un delito en el que México entero viene a ser la víctima. Al reprimir a sus opositores, ordenar homicidios o disponer ilegalmente de los dineros del pueblo, creen que la hinchazón de su egolatría y la soledad de la que dimanan sus valores no constituyen un factor y están, únicamente, defendiendo a la República. La excusa que justifica el delito cubriéndolo con el manto del patriotismo cierra el círculo y, a partir de entonces, la psicosis irremediablemente extiende su dominio."[149]

Y agregaba:

"Por las buenas el animal no va a cambiar y es necesario admitir sin más rodeos la realidad de esta tragedia: para hacer de México un país, transformarlo de una amafiada sociedad de cuates en una Nación, tenemos que cambiar por completo, desde la raíz, nuestro sistema político. La democracia sólo será posible con la muerte del saurio."[150]

La oportunidad perdida

La soberbia del PRI no le permitía percibir la amenaza que crecía. Sin embargo, de entre sus filas no faltaron las voces de alerta.

---

[149] Ruiz Harrel, Rafael, Exaltación de ineptitudes, Una visión crítica del presidencialismo mexicano, Editorial Posada, 2ª. Edición, México, 1986, p. 355.
[150] Ibíd. P. 356.

Especialmente beligerante resulta el ensayo de Abraham García Ibarra, reportero de El Día, "Apogeo y Crisis de la Derecha en México". La obra de este izquierdista radical con vínculos en el PRI, analiza la acción de

> "las ciudadelas de las derechas, que todavía en la última semana de agosto convocaban a la resistencia pasiva de la población civil contra el Gobierno de la República, al decretarse la nacionalización de la banca –de cuyas bóvedas la noche anterior se sustraía la raquítica existencia de dólares--, asumieron beligerantes reacciones y montaron la campaña *México en libertad.* Y de libertad se habló mucho; muy poco de justicia."

Tras repasar los recientes triunfos de Acción Nacional y señalar el impulso de los empresarios y, según él, de los norteamericanos, advierte de los peligros de negociar las elecciones de 1985 y confía en que aparentemente hubo un repunte electoral del PAN, éste es insignificante y ha registrado un retroceso. Para fundamentar esto hace buenas las cifras de los municipios arrebatados al PAN mediante el fraude.[151]

El priismo se sentía y vivía como si fuera invencible e inmortal. Con el control total de los mecanismos políticos y los factores de poder. Y ante la creciente amenaza que se empezó a gestar a su dominio, todavía envalentonado, Fidel Velázquez pronunció la frase: "Llegamos con la fuerza de las armas, y no nos van a sacar con los votos".[152]

A partir de 1983 el PAN empezó a conquistar municipios, pocos pero significativos, pues se trataba de las capitales de algunos estados. De los mil 158 diputados en ese año, 23 los perdió el PRI.

---

[151] Cfr. García Ibarra, Abraham, *Apogeo y Crisis de la Derecha en México*, El Día en Libros, Sociedad Cooperativa Publicaciones Mexicanas S. C. L., México, 1985.

[152] Monsiváis, Carlos, *La era del PRI y sus deudos*, Letras Libres, Agosto 2000. http://www.letraslibres.com/revista/convivio/la-era-del-pri-y-sus-deudos.

Por ello, las elecciones de 1985 se convirtieron en referente de lo que estaba ocurriendo. Eran las primeras federales en las cuales todo México tendría oportunidad de juzgar los últimos años de gobiernos del PRI, desde la estatización de la banca hasta los tres primeros años de Miguel de la Madrid. El boletín Hechos de la Semana de la COPARMEX, publicó: "las elecciones del 7 de julio son las elecciones de la crisis. Son históricas".[153]

En esa publicación se recogen las expectativas sobre una elección donde los nuevos partidos políticos buscaban alcanzar posiciones. Se esperaba una alta participación y una distribución de lugares en la Cámara de Diputados que reflejara la nueva situación de apertura democrática.

De acuerdo con los analistas, se estimaba que el resultado de dichas elecciones arrojaría que el PRI lograría entre 171 y 275 triunfos; el PAN entre 23 y 112; el PSUM 1 ó 2; el PARM entre 1 y 4; el PDM entre 0 y 2, el PST 0 ó 1, el PMT 0 ó 2 y otras alianzas entre 0 y 9.[154]

Sin embargo, estas expectativas no se cumplieron. Los resultados finales dados a conocer por la Comisión Federal Electoral, con sede en Gobernación y controlada por el Sistema, arrojaron "carro completo" para el PRI, con un total de 292; diputados de mayoría; 6 para el PAN; 2 al PARM. De esta elección se escribió:

> "El domingo 7 de julio de 1985 no pasará como un parteaguas de la historia contemporánea. Se escribirá como la fecha de la oportunidad perdida. Como la ocasión en que México pudo modernizar su sistema político, ponerlo al día, sin grandes costos para la estabilidad y el orden social."[155]

La decepción por la forma como se desarrolló la elección fue total. Se manipuló el padrón, se falsificaron las cifras y hasta los

---

[153] COPARMEX, Hechos de la Semana, análisis político, *Las elecciones de la crisis*, Centro de Estudios Sociales del CCE, sin fecha. p.13.
[154] Ibíd. p. 86.
[155] Ibíd. p. 128.

diputados plurinominales se otorgaron en forma desproporcionada para inflar la representación de la izquierda en la Cámara de Diputados, para "frenar" al PAN. Pese a ello, Heberto Castillo, por ejemplo, dijo de ella que:

> "El estado mayor presidencial hizo un cómputo que cayó en nuestras manos; en él se informa al presidente que al PRI se le metieron, inventados, más de 5 millones de votos y que en vez de 17.8 de votantes hubo sólo 14 millones..."[156]

Parecería que no hubiera pasado nada en el país y que todo marchara sobre ruedas, cuando la crisis económica heredada del sexenio anterior se agravaba y el país vivía la situación inflacionaria más grave de la era posrevolucionaria. En una conferencia en la UNAM, Enrique Krauze presentó un trabajo titulado "Voto contra el voto", en el que señaló los beneficios que en diversos órdenes hubiera dejado la democracia a México en dicho proceso, pero por desgracia,

> "la oportunidad se dejó pasar y las ventajas potenciales comienzan a revertirse una por una: descrédito, centralización, astenia, desánimo. Semanas antes de las elecciones, las autoridades daban señales contradictorias que, por un lado, alentaban el voto y, por otro, desechaban el camino de una democracia plena que empezara por el único lugar donde se puede empezar, el respeto a los votos".[157]

Medidas desesperadas

La estatización de la banca por López Portillo fue una medida desesperada que lejos de buscar el fortalecimiento del Estado, estaba más enfocada a la preservación de su imagen personal. Culpar a otros de su fracaso era una fuga hacia delante que se revirtió contra el Sistema.

---

[156] Ibídem p. 119, citando su artículo de El Universal del 26 de julio de 1965.
[157] Ibíd.. p. 139.

Años más tarde y ya desde fuera de la Presidencia, Miguel de la Madrid reconoció ese error:

"La consecuencia política de esta medida fue la radicalización de la sociedad, su polarización. Creó un ambiente conflictivo, un avispero que complicó y dificultó la labor de mi gobierno. Es insostenible la tesis que justifica la nacionalización de la banca como necesaria políticamente. No es cierto que para el primero de septiembre el deterioro del prestigio del gobierno planteaba la posibilidad real de un golpe de Estado, pues ya estaba próximo el relevo presidencial: yo ya había establecido contacto con personas, grupos y sectores que confiaban en mi cordura y capacidad."[158]

El fraude realizado en 1985 tampoco resolvió el problema. Por el contrario, lo agravó. Aunque con grandes dificultades, quedaba demostrado que el partido oficial podía ser derrotado, pero para ello era necesario seguir luchando y transformar las condiciones electorales, a fin de terminar con el control que el Gobierno-PRI tenía del proceso desde su organización, su realización y su calificación.

Con la "victoria" de 1985 parecería que el PRI era invencible y la sociedad estaba irremisiblemente unida al partido de la Revolución. Pero no fue así. La resistencia social de derechas e izquierdas se fue incrementando. El número de intelectuales críticos también aumento y los espacios de comunicación para ellos se multiplicaron. El debate generador de una nueva opinión pública estaba abierto y muchos opositores coincidían en los puntos medulares, independientemente de su posición ideológica.

Por otra parte, la crisis del 82 fue tan profunda, que ni política ni económicamente el Ejecutivo tenía el poder que sus predecesores, por más que adoptaba poses como si las cosas siguieran igual.

---

[158] De la Madrid, Miguel, *Cambio de rumbo,* Fondo de Cultura Económica, México, 2005 p. 32

El Programa Inmediato de Recuperación Económica (PIRE) no logró sus objetivos y el descontrol continuó y la inflación llegó a niveles semejantes a la de los países latinoamericanos. Esto dio pie a que los empresarios y los organismos financieros internacionales mantuvieran presión sobre las autoridades, lo cual obligó a Miguel de la Madrid a modificar su política económica "derechizando" sus decisiones. Él iniciaba el gobierno de los tecnócratas con formación en el extranjero, trasladando poco a poco el poder a los técnicos, lo cual no fue del agrado de los "políticos", particularmente los herederos de las corrientes nacional revolucionaria y socialdemócrata. Así se fue gestando la ruptura interna que habría de producirse en la fase sucesoria con el rompimiento de Cuauhtémoc Cárdenas con el PRI y su candidatura apoyada por los antiguos partidos comparsas y algunos de los nuevos.

Mientras en otros países se adoptaban políticas de choque ortodoxas y heterodoxas para corregir sus desórdenes económicos, en México las decisiones se retrasaron hasta que, finalmente, se puso en marcha un pacto económico de características mixtas ortodoxas y heterodoxas, impulsado por Carlos Salinas de Gortari y que a la postre frenaría el deterioro económico, pero que no tuvo el apoyo de la izquierda del PRI y de algunos sectores obreros.

Así como en las elecciones federales se había impuesto el fraude, en 1986 el sistema usó todos los recursos para volver a imponerse en Chihuahua. Ante el avance incontenible del PAN se pidió que el Gobernador Oscar Ornelas lo reprimiera, pero él se negó y fue relevado del cargo. Los obispos del Estado se pronunciaron, como quizá nunca lo habían hecho antes, a favor de la democracia, y llegaron a comparar el fraude con el aborto. Monseñor Adalberto Almeida llegó a amenazar con suspender el culto —como en la cristiada--. El Delegado Apostólico Girolamo Priggione tuvo que intervenir para que se moderaran. Para algunos como Krauze, la nueva postura de los prelados era el "efecto Juan Pablo II".[159] Luis H. Álvarez se declaró en Huelga de hambre. Las autoridades amenazaron con movilizar al ejército.

Cuando la democracia tocaba a la puerta, el PRI la cerró de nuevo, indignando no sólo a los chihuahuenses, sino a todo el país. Los ecos de la protesta ciudadana llegaron a todos los rincones de México, pero el sistema siguió cerrado.

El gran argumento que dio Manuel Bartlett a un grupo de intelectuales que publicaron un desplegado que trascendió las fronteras nacionales, fue que la victoria del PAN en Chihuahua abría las puertas a tres enemigos históricos de México: la Iglesia, los Estados Unidos y los empresarios.[160] Fue en esa ocasión cuando se aplicó el concepto de "fraude patriótico".[161]

El sistema se veía acosado porque poco a poco se rompían las amarras y controles que funcionaron durante años. La represión se manifestaba en diversos frentes como en la prensa. Carlos Loret de Mola, priista y ex gobernador de Yucatán murió en extrañas circunstancias, su hijo Rafael siempre culpó de tal suceso a Manuel Bartlett Díaz; el periodista Manuel Buendía fue asesinado por la espalda. Años más tarde se demostraría que la orden también surgió de la Secretaría de Gobernación encabezada por Bartlett; la revista Impacto fue tomada por la fuerza.

Por su parte, en Michoacán, el gobierno priista de Cuauhtémoc Cárdenas intentó controlar la educación, conculcando el derecho de los padres a educar a sus hijos conforme a sus convicciones, y en un ambiente donde se afirmaba que el Estado permitía la educación religiosa en los hogares y templos para formar creyentes, "pero impide la llamada educación religiosa de los colegios que forman sectarios, católicos de agresiva irracionalidad, catolicismo político antidemocrático, antifraterno y antiigualitario que antepone los

---

[159] Krauze, Enrique, *La Presidencia Imperial*, Tusquets Editores, México, 1997, p.407.

[160] Ibíd. p. 410.
[161] Ibídem. P. 412.

intereses de la Iglesia a los de la Patria."[162]

La delegación estatal de la Unión de Padres de Familia y los obispos del Estado, respondieron unidos a esta agresión, resistiendo a una legislación ya aprobada por el Congreso local. La respuesta de la sociedad civil se hizo sentir y lograron que dicha ley no fuera promulgada finalmente.

Pluralidad por la democracia

Era tal la exigencia por la democracia, que en septiembre de 1986 se publicó la "Declaración del Foro por el Sufragio Efectivo", que fue firmado por la izquierda y la derecha, que coincidieron en seis puntos de acción en vistas a las elecciones del 88. Se condenaban los fraudes en Chihuahua, Durango y Oaxaca, entre otros.

Y reconocer "el pleno derecho de la ciudadanía a realizar acciones eficaces para reparar en lo posible la burla al voto de los mexicanos" y declararon que "apoyarán y se harán presentes en las acciones concretas que el pueblo y los candidatos verdaderamente electos decidan realizar en repudio a la imposición de gobernantes espurios".

Entre los Firmantes estaban el PAN, el PSUM, el PMT, el PRT, el Frente Cívico Poblano, Conciencia Ciudadana, Asociación Nacional Cívica Femenina, Civilización y Libertad, Unión Femenina de Puebla, Comité Permanente de la Ciudadanía de Puebla, Frente Nacional de Abogados Democráticos, Desarrollo Humano Integral, Partido Social Demócrata, Comité Pro Defensa de Presos, Perseguidos y Exiliados Políticos, Instituto Mexicano de la Opinión Pública, Instituto Nacional de Derecho Electoral y Acción Comunitaria, entre otros grupos y personas individuales como Luis H. Álvarez.[163]

Un factor adicional que propició la indignación y la participación social, fue el sismo de 1985, cuando ante la tragedia que registro la Ciudad de México, el gobierno de Miguel de la Madrid se paralizó

---

[162] Revista Vértice, Año 1., No. 1, p. 19.
[163] Cfr. Revista Vértice, Año 1. N. 7. Pp. 18 y 19.

por miedo y la sociedad reaccionó de manera ejemplar, auto conduciéndose y organizándose para atender la emergencia en todos los órdenes. Primero fue la ausencia de autoridad; luego, un Miguel de la Madrid distante, que recorría las calles a bordo de un autobús, sin descender de él, y distante de las personas. Finalmente, un ejército autoritario que en lugar de sumarse y apoyar lo que hacía la sociedad, estorbaba y pretendía imponerse de manera arbitraria.

Pero no sólo fueron los difíciles momentos del temblor y el rescate. La corrupción que se manifestó, una vez más, como ejemplo de la "nueva moral revolucionaria que propuso De la Madrid como candidato. Mercado negro de quesos holandeses que fueron enviados para los damnificados y la desaparición de las casas de campaña.

Cuando se cayó el sistema

El escenario de los fraudes del sexenio y la salida del PRI de Cuauhtémoc Cárdenas y Porfirio Muñoz Ledo, aliados con Heberto Castillo y la izquierda, plantearon una división interna en el partido de la Revolución, como en sus primeros años de vida, y le pusieron la tienda enfrente, con sus hombres y sus mismos grupos corporativos, pero ahora con la bandera de la democracia. Al mismo tiempo, con Manuel J. Clouthier por el PAN, pusieron en jaque al PRI. Éste ofreció que habría transparencia en el proceso electoral, pero alarmado por los primeros resultados adversos, prefirió oscurecerlas y entonces se "cayó el sistema" de cómputo y colocó una etiqueta de ilegitimidad a Carlos Salinas de Gortari.

La Comisión Federal Electoral entró en un desgaste continuo y si antes no tenía autoridad, fue desautorizada social y políticamente como consecuencia de las elecciones de 1988. Manuel J. Clouthier se puso en huelga de hambre para presionar para la realización de una reforma de la Comisión Federal Electoral. A pesar de ser diabético mantuvo su ayuno durante 177 horas, y la levantó después de que tanto el secretario de Gobernación, Fernando Gutiérrez Barrios, como la Cámara de Diputados, anunciaron el inicio de una consulta para la reforma del Código Federal Electoral. La resistencia pacífica se anotaba un triunfo.

Parte de su estrategia de resistencia fue la constitución de un Gabinete Alternativo en el PAN para "perseguir al ilegítimo presidente Salinas de Gortari".[164] Entre los integrantes del mismo, que inició funciones en febrero de 1989, estaba Vicente Fox Quezada, como responsable de política agropecuaria.

En respuesta, el Sistema patrocinó una nueva invasión a las tierras de Clouthier, como a finales del sexenio de Echeverría. El priismo no toleraba disidencias. Maquío le habló a Gutiérrez Barrios el 30 de septiembre de 1989, y con tono áspero le dijo: "¡Estoy hasta la madre! Los sacan o a ver de qué cuero salen más correas".[165] Al día siguiente de madrugada se inició el desalojo.

Ese mismo día, en un extraño accidente de carretera murió el Maquío. Las sospechas sobre una ejecución política llenaron la mente de muchos, pero la familia no quiso abanderar inicialmente dicho señalamiento. Cerca de 15 mil personas acompañaron el ataúd hacia su sepultura. A los cincuenta años de vida del PAN, Manuel J. Clouthier logró en sólo 5 años de militancia en ese partido, darle una fuerza política y electoral como no había tenido hasta entonces. Su personalidad y sus candidaturas lograron atraer hacia al partido y la acción política a una sociedad civil que había permanecido indiferente o como víctima pasiva que sabía lamentarse, pero no actuar.

En 1990, tratando de recuperar credibilidad, el Presidente Salinas promovió una reforma electoral desde la Constitución, que habría de crear el Instituto Nacional Electoral, todavía controlado por el Secretario de Gobernación, con la concurrencia de representantes de los poderes legislativo y judicial. Reforma que no satisfizo a nadie y que llevó a las sucesivas de 1993, 1994 y 1996.

Por otra parte, también se instauró la credencial para votar con fotografía, pues a pesar de que inicialmente se declaró que eso era imposible, el Gobierno panista de Baja California, con Ernesto Rufo, demostró lo contrario, y se instauró.

---

[164] Maquío, p. 212.
[165] Ibídem. P. 223

Al mismo tiempo la sociedad buscó que así como en otros países había observadores electorales, muchos de ellos de procedencia internacional, la figura se instaurara en México. Fue así como en la reforma política de 1994 se incorporó dicha figura. Nuevamente la sociedad civil se hizo presente. Se hicieron presentes la Asociación Nacional Cívica Femenina, la COPARMEX y la Comisión Mexicana de Derechos Humanos.

Todas estas transformaciones fueron construyendo un sistema electoral independiente, ciudadanizado y confiable, que permitiría el proceso de transición democrática y la alternancia en el poder.

El Presidente Salinas operó como un reformador. En el fondo, opina Enrique Krauze, lo que pretendía era la rehabilitación del sistema político mexicano que se cuarteaba. Se trataba de seguir la fórmula de Jesús Reyes Heroles, considerado por muchos como el democratizador, pero que en realidad proponía "cambiar para conservar"[166]. Se puso en marcha, una "perestroika" a la mexicana en materia económica, con reformas de fondo, incluso constitucionales y se alentó la privatización, con lo que los empresarios atemperaron sus críticas; en lo social se implementó el programa Solidaridad, con tal éxito, que se llegó a pensar que el Presidente quería fundar un partido con ese nombre para sustituir al PRI. Por otra parte, para desarmar a la Iglesia Católica, reformó los artículos 3º y 130 de la Constitución. La mayor victoria para su proyecto económico fue la firma del Tratado de Libre Comercio con los Estados Unidos.

Parte de esa rehabilitación se orientaba hacia el exterior. La imagen de México no era buena en su aspecto democrático. La Conmemoración del bicentenario de la Revolución Francesa, emblema de la democracia por excelencia, requería que México se proyectara democrático y terminara con la imagen de la dictadura perfecta. La derrota del PRI en Baja California fue la cuota inicial. Con ello se cumplía, también, uno de los requisitos establecidos por la Unión Europea para los acercamientos económicos. Parecía que

---

[166] La Presidencia Imperial, p. 419.

la "Glasnost", o sea la reforma política, podría llegar, lo cual generó un mayor descontento en el PRI, el que se manifestó públicamente con la creación del TUCAN (Todos contra Acción Nacional).

El Sistema, sin embargo, se cerraba; pero la sociedad lo abría. Pasó en Guanajuato y en San Luis Potosí, en Chihuahua y en Michoacán, donde los candidatos "electos" renunciaron o perdieron. En algunos casos no se dejó llegar a la oposición, pero la derrota moral fue evidente. A fines del sexenio Salinas creyó que había recuperado el terreno perdido y cayó en la tentación de generar un "salinato", designando como su sucesor a Luis Donaldo Colosio, quien como presidente del PRI perdió Baja California. Su candidatura no fue bien recibida, ni por los enemigos internos del Presidente, ni por su principal aliado: Manuel Camacho Solís, quien ya se sentía el elegido. A partir de entonces vendría una ruptura que se acrecentó con el tiempo.

Después vino el derrumbe político. El primero de enero de 1994 se levantó el "Ejército Zapatista de Liberación Nacional". Un movimiento guerrillero ya denunciado por los empresarios en tiempos de José López Portillo, pero ignorado o silenciado, con patrocinios políticos de la izquierda, de la teología de la liberación e, incluso, de políticos cercanos al propio Salinas. Sin posibilidad alguna de victoria sembró, sí, un gran temor social y derrumbó la imagen internacional del Gobierno.

La cereza del pastel fue el asesinato de Luis Donaldo Colosio en Tijuana. La versión oficial señaló a un asesino solitario. La opinión pública miró hacia el interior del PRI, como efecto del "agravio" democrático en ese Estado, y por la lucha interna por el Poder. Después del forcejeo inicial, Ernesto Zedillo resultó el candidato del PRI. El miedo al cambio violento destapado por el zapatismo y el temor a su propagación, así como un extraño opacamiento de su rival del PAN, quién lo había derrotado en el debate televisivo, Diego Fernández de Cevallos, obtuvo una fácil victoria.

La sana distancia del PRI

Las cosas no resultaron fáciles para Ernesto Zedillo. Heredaba el levantamiento zapatista y las difíciles negociaciones que durarían todo su sexenio y lo mantendrían contra la pared. Y, para colmo, el escenario económico positivo resultó "prendido con alfileres", pero se los quitaron, como dijo cínicamente Pedro Aspe, secretario de Hacienda al final del Gobierno de Salinas, y nuevamente se produjo una crisis económica en México.

Los presidentes de México siempre habían tenido barajas suficientes para salir de los problemas, pues sacaban un as de la manga como salida. Pero con Salinas parecieron agotarse las opciones, así que Ernesto Zedillo, al tiempo que realizaba el rescate económico de México con la ayuda del Presidente Clinton, volteó la vista hacia la política, sin manifestarse él como un líder del tamaño de Salinas. En cierta forma, más parecía el anti líder.

Para enviar ese mensaje, apenas al inicio de su gobierno convocó a los tres principales partidos a un "Acuerdo Nacional para la Democracia", y para darle credibilidad a su propósito, estableció una "sana" distancia entre el Presidente y el PRI. Fueron largas las negociaciones de la reforma política propuesta y el PRI no cedía. Sin embargo, el Instituto Federal Electoral generaba una esperanza de que, al menos, en la organización y operación de los comicios de 1997 se respetaría el voto.

La reforma electoral del 96 restableció la existencia de las Agrupaciones Políticas Nacionales, organizaciones no partidistas pero de incidencia y formación Política. Una de ellas sería la Coordinadora Ciudadana, presidida por Antonio Sánchez Díaz de Rivera, expresidente de la COPARMEX. La Coordinadora Ciudadana fue una de las 12 Agrupaciones Políticas Nacionales que se fundaron con la reforma electoral de 1996. Un reflejo de la inquietud política entre los ciudadanos que no militaban en ningún partido político, es que esas agrupaciones pudieron demostrar que contaban con más de 7 mil militantes en sólo 3 semanas que se les dieron de plazo para ello. Antonio Sánchez Díaz de Rivera afirma que tal parecía que el IFE no quería que se constituyera ninguna, pues el plazo fue muy corto. Sin embargo, la Coordinadora acreditó contar con 14 mil miembros que pareciera surgieron de la nada.

Entre los militantes de la Coordinadora se contó con Josefina Vázquez Mota, quien posteriormente sería secretaria de Estado con Vicente Fox y Felipe Calderón, y candidata a la Presidencia de la República en 2012.

Mientras tanto, el Centro de Estudios Sociales del Consejo Coordinador, dirigido por Federico Müggenburg, continuaba con su análisis de la evolución política del país. Para entonces ya se había incorporado al mismo el concepto de transición democrática, sustentado principalmente en los trabajos de Guillermo O'Donell y Philppe C. Schmmiter, *Transiciones desde un Gobierno Autoritario*[167]. Particularmente encajaba la división del PRI que se movía en un difícil equilibrio entre los reformistas, que querían cambiar para conservarlo todo, y los "dinosaurios", que se empeñaban en mantener el sistema en su rigidez, temerosos de que la apertura les arrebatara el poder.

En el periodo 1985-1986 Andrés Marcelo Sada presidió el Centro de Estudios Sociales del CCE. Entonces se aprobó una "Estrategia 2000" en la que se proponía a la sociedad "una serie de objetivos, metas y acciones para lograr que en el año 2000 hubiera en México una verdadera democracia, un amplio clima de libertades y una economía de mercado con un Estado subsidiario".[168]

Para algunos, reseña Francisco Calderón, la propuesta era peligrosa o utópica. Sin embargo se difundió su contenido y muchos de esos elementos ya se habían alcanzado en el año 2000. Poco antes de las elecciones de 1997, el CCE sustituyó dicho documento por uno denominado "La transición mexicana y nuestra Propuesta para un Desarrollo Sostenible en el Largo Plazo", también elaborado por el Centro de Estudios Sociales, ahora bajo la presidencia de José

---

[167] O'Donell et al, *Transiciones desde un Gobierno Autoritario*, Paidós, Barcelona, 1994, tomos I, II, III y IV.

[168] Calderón, Francisco, Libertad, responsabilidad y democracia, p.91.

Chapa Salazar.

Dicho documento contenía 24 apartados entre los que se hablaba de educación, seguridad pública y jurídica, erradicación de la pobreza extrema, derechos humanos, procesos electorales, corrupción, autonomía del Banco de México. El trabajo se presentó al Presidente Zedillo, a los partidos políticos, secretarios de estado, legisladores, obispos y universidades, con general aprobación. Para difundirlo se imprimieron 30 mil ejemplares.

Para entonces ya no extrañaba que los organismos empresariales no sólo hablaran de los problemas económicos del país, sino también de los políticos, demandando democracia real y la vigencia de un verdadero Estado de Derecho que asegurara el respeto de los derechos humanos, las libertades y la aplicación de la ley a todos por igual.

La Democracia Llegó

Después de las elecciones conflictivas de 1988, Luis Rubio, publicó el ensayo titulado La Democracia y la Economía. Entre los aspectos que analizaba, se preguntaba si en México existía una demanda de democratización, pues en el país existía una larga tradición de autoritarismo que se manifestaba en muchos ámbitos de la sociedad y los espacios democráticos eran escasos. Desde su punto de vista, una característica de los mexicanos es su rechazo a la autoridad, por ello concluía que no sería nada difícil que existiera tal demanda, o al menos de participación. Y agregaba:

"... aunque todo indica que son verídicos los argumentos en el sentido de que el cardenismo no tiene contenido democrático alguno, quizá lo importante no es el cardenismo mismo, sino el hecho de que hay una demanda patente y creciente de transparencia electoral; ésta no se inició en 1988, sino que tiene antecedentes que van décadas atrás, pero que a partir de 1982 han sido particularmente evidentes. Ejemplos abundan en Chihuahua, Sinaloa, San Luis Potosí, Puebla, Durango, Baja California. El común denominador empezó siendo el de exigir gobernantes responsables de sus actos – otro componente básico de la democracia- y ha continuado, sobre todo en la medida en que la crisis económica ha elevado el nivel de conciencia de la población. La Conciencia sobre la crisis económica gradualmente se ha traducido en conciencia sobre la necesidad de participación política. Todos los ámbitos sugieren una gradual convergencia en la demanda de participación política y transparencia electoral.

"Finalmente, resulta evidente que las demandas de transparencia electoral, la exigencia de participación política, la nueva libertad en el ámbito económico, la gradual desaparición de los liderazgos corporativos y, en general, la transformación del país van a forzar cambios profundos en la forma de gobierno. La simple presión de la realidad va a obligar a llevar a cabo cambios que no podrían ser planeados antes. La estructura política del país favoreció esos cambios dentro de canales restrictivos, pero tuvo la bondad de crear estructuras que bien podrían constituir la primera aproximación en el proceso de apertura política. El verdadero reto político no es el electoral, sino el de construir las estructuras que den cabida al proceso de transición, pero sobre todo a un tipo de demandas políticas cualitativamente distintas a las del pasado."[169]

Las esperanzas de Enrique Krauze de que la democracia llegara a México se cumplieron en una primera etapa en 1997, cuando por primera vez en la historia moderna de México, la oposición en conjunto obtuvo mayoría de diputados en la Cámara. Se rompía, de esta manera, la sumisión legislativa de la Cámara baja, cuya tradición de ser obsequiosa y disciplinada al Presidente fue tal, que popularmente la función legislativa consistía, para el pueblo, en ser

---

[169] Cfr. Reseña de Libros, La Democracia y la Economía, No, 32 Centro de Estudios Sociales del CCE, p. 20-21.

"levanta dedos".

Los legisladores pudieron, ahora sí, negociar y condicionar las leyes pero, principalmente, el Presupuesto de Egresos y la Ley de Ingresos del Gobierno Federal. Tocaba ahora al Presidente y al Secretario de Hacienda, antes prepotentes, negociar. El cambio fue tan radical, que se llegó a plantear la posibilidad de que fuera rechazado el Presupuesto e, incluso, el Congreso se declaró en sesión permanente durante la sesión del 31 de diciembre hasta la madrugada del 1 de enero, para que la definición legislativa fuera legal, "en tiempo y forma". Por primera vez se "paró" el reloj legislativo, para dar tiempo a las negociaciones que condujeran a la aprobación del presupuesto.

Este primer paso en la transición a la democracia en el ámbito federal se sumó a los logros que se habían alcanzado en las dos últimas décadas a nivel municipal y estatal, con lo cual arraigó en la sociedad la convicción de que sí se podía vencer al PRI. Por ello la esperanza de un cambio se fortaleció y las perspectivas del triunfo de un opositor se vieron incrementadas.

Sin embargo, al acercarse las elecciones, tanto Cuauhtémoc Cárdenas como Vicente Fox parecían tener perspectivas equilibradas, por lo que existía también el temor de que los votos se dividieran y ello beneficiara al PRI, por lo que surgió una corriente favorable para que uno de los dos candidatos se retirara. Sin embargo esto no se consiguió. El problema fue el método para determinar cuál de ambos candidatos debería ceder. Los dos consideraban ser los de mayor aceptación por los ciudadanos. Cárdenas se sentía respaldado por su supuesto triunfo, no reconocido, en 1988, y Fox por el apoyo del PAN y ciudadanos que no militaban en ese partido, pero que se habían agrupado en lo que se denominaba "Amigos de Fox".

Se formó así la corriente del "voto útil", donde líderes sociales y hasta personajes de la izquierda, se pronunciaron a favor del candidato del PAN. Otro tanto hizo el Partido Ecologista.

Previas las elecciones del año 2000, donde el candidato por el PAN fue Vicente Fox Quezada, invitado por Manuel Clouthier a no sólo quejarse, sino participar en la política, el CCE volvió a participar. Así

LAS NOTAS CARACTERISTICAS
DE CADA UNA SON:

LIBERALIZACION-DEMOCRATIZACION-CONSOLIDACION

APERTURA	NUEVOS ACTORES	NUEVO SISTEMA
DESREGULACION	NUEVAS SECUENCIAS	REGLAS "DEFINITIVAS"
FIN DE LOS MONOPOLIOS ECONOMICOS EDUCATIVOS EXPRESIVOS ELECTORALES	SE FIJAN NUEVAS REGLAS	TERMINA PROVISIONALIDAD
	SE ADECUAN LEYES	FIN DE LA INCERTIDUMBRE
PLURALIDAD	PLURIPARTIDISMO	NINGUN FACTOR CONSIDERA OTRA ALTERNATIVA QUE LA DEMOCRACIA
INCERTIDUMBRE	CONDICIONES QUE PERMITEN LA ALTERNANCIA	PARA OBTENER EL PODER
PROVISIONALIDAD	PLURIASOCIACIONISMO	SE LOGRA LA PAZ SOCIAL

07

Página 7 del documento sobre la transición del Consejo Coordinador Empresarial, elaborado por el Centro de Estudios Sociales para las fases de la transición y las notas características de cada una de ellas.

lo reseña Francisco Calderón:

> "El Consejo Coordinador Empresarial desempeñó un papel positivo en el proceso electoral del 2 de julio de 2000; publicó un desplegado de prensa invitando a la colectividad nacional y principalmente al empresariado a participar activamente en los comicios en un ambiente de paz, civilidad y democracia y a respetar la voluntad popular, reconociendo a los triunfadores, personas y partidos, independientemente de cualesquiera que fueran las preferencias individuales.
>
> "Apenas conocido el resultado oficial de las elecciones se convocó a una conferencia de prensa donde se expresó la satisfacción del sector empresarial por el orden, transparencia y espíritu democrático que reinó durante todo el proceso y envió por ello sendas cartas de felicitación al presidente Zedillo, al candidato triunfante y a los demás candidatos..."[170]

La alternancia, un primer paso

Y, por fin, en las elecciones del 2000 se produjo la alternancia en la Presidencia y surgió un nuevo equilibrio en el Congreso. La larga jornada iniciada en 1982 se anotó un gran logro el 2 de julio de ese año, con el triunfo de un neopanista: Vicente Fox Quezada, empresario atraído al PAN por Manuel J. Clouthier, líder de la corriente política surgida a raíz de la estatización de la banca y la movilización de "México en la Libertad", cuando frente a las quejas del primero por la situación del país, el Maquío le interpeló conminándolo a la acción, y miembro del gabinete paralelo del "Maquío" en 1988.

En la noche del 2 de julio y madrugada del 3 se realizaron dos festejos por el triunfo de Vicente Fox. El primero, en la sede nacional del PAN, con los miembros del partido. El segundo, en el Ángel de la Independencia, con la sociedad. Los primeros festejaron y se entregaron incondicionalmente a su candidato. Los segundos

---

[170] Op. cit. p. 217-218.

advirtieron al futuro presidente: "¡No nos vayas a fallar!" y cuando el candidato triunfante se comprometía a trabajar a partir de "mañana", el coro le exigía: "¡Hoy! ¡Hoy!", porque ya era lunes, pero el candidato nunca se percató de ello y mantuvo su promesa para el futuro. No supo medir los tiempos…

Se alcanzaba una meta fundamental de la transición democrática, como corolario de una suma de esfuerzos de panistas, izquierdistas, priistas descontentos, una sociedad esperanzada que creyó que sí se podía, y un Presidente, Ernesto Zedillo Ponce de León, que en un acto autoritario del presidencialismo mexicano, se adelantó a los miembros de su partido, declarando el triunfo del PAN, sin que fuera de su competencia, pues le correspondía al IFE, pero parando en seco a sus correligionarios que ya maquinaban, una vez más, el fraude electoral, ganando así su animadversión, pero un lugar en la historia.

Capítulo III
CONCLUSIÓN

El autoritarismo y falta de democracia que prevalecieron en México durante prácticamente el Siglo XX, se debió al inicio por la violencia con que las fuerzas triunfantes de la Revolución Mexicana ahogaron cualquier disidencia, aún de entre quienes habían participado en la lucha armada y les disputaban el poder.

A consecuencia de esa violencia para acallar a las fuerzas disidentes o a las negociaciones con que, por ejemplo, se neutralizó a los católicos que se rebelaron a la autoridad con motivo de la persecución religiosa, la sociedad mexicana se replegó y toleró a los gobiernos del PNR, PRM y PRI, salvo esporádicas disidencias de tipo social, pero con poca efectividad política, como fueron los movimientos de maestros, ferrocarrileros o estudiantes.

Los partidos políticos tradicionales carecieron de fuerza para actuar como oposición al poder y éste, incluso, les abrió diversos espacios para insertarlos y dar la imagen de que en México había democracia, con la idea de que "lo que resiste, apoya".

La ideologización y las medidas socializantes del sexenio de Luis Echeverría despertaron de su aletargamiento a los empresarios, que crearon el Consejo Coordinador Empresarial, a los católicos y a diversos sectores de la sociedad mexicana de "derecha", quienes crearon diversas organizaciones intermedias para defenderse de las arbitrariedades gubernamentales.

La prepotencia política del gobierno de Echeverría provocó que el candidato del PRI, José López Portillo, tradicionalmente apoyado por el PPS y el PARM, partidos comparsas, participara como partido único en el proceso electoral de 1976, pues aunque el Partido Comunista presentó un candidato, al carecer de registro legal su presencia fue anulada

Ni con la reforma política realizada por Jesús Reyes Heroles la oposición logró adquirir fuerza y, en todo caso, se fragmentó. Al mismo tiempo, los empresarios se empezaron a preparar políticamente para entender al sistema político mexicano mediante los cursos de "Liderazgo Empresarial", generados en el Centro de Estudios Sociales del CCE y organizados por la COPAARMEX, y la sociedad empezó a confrontarse con las autoridades en temas como la familia, la educación, la democracia participativa y la necesidad de una apertura democrática

Sin embargo, al igual que había ocurrido al cierre del sexenio de Luis Echeverría, como consecuencia del populismo en el manejo de la economía, a finales del sexenio de José López Portillo se produjo una segunda crisis que desembocó en fuga de capitales, alta inflación y devaluación del peso.

Para justificarse y no reconocer sus errores económicos, José López Portillo estatizó a la banca en su último informe presidencial. En respuesta, a diferencia de lo que ocurría antes, cuando los empresarios sólo se quejaban y se resignaban, la CONCANACO y la COPARMEX, apoyados por el presidente del Consejo Coordinador Empresarial, organizaron un movimiento de resistencia política denominada "México en la Libertad".

Empresarios y sociedad civil coincidieron en su inconformidad y en el reconocimiento de que las simples protestas no bastaban, por lo que se inició un movimiento de apoyo al Partido Acción Nacional, donde los empresarios que habían participado en los cursos de liderazgo empresarial y en

México en la Libertad, asumieron un liderazgo que generó credibilidad social cuando se integraron al PAN y surgió el llamado "neopanismo", que empezó a ganar fuerza electoral y avanzar en el sexenio de Miguel de la Madrid. Fue así como los llamados "bárbaros del norte" demostraron que sí se podía vencer al PRI.

En la lucha electoral de 1988 el PRI registra una ruptura interna a consecuencia de corrientes de izquierda que consideran que el partido se ha derechizado e invocando la necesidad de una apertura democrática, lanzan la candidatura de Cuauhtémoc Cárdenas con el apoyo de pequeños partidos. A su vez, el expresidente del CCE, Manuel J. Clouthier, contiende como candidato del PAN. Esta vez sí hubo oposición electoral y el PRI vio en peligro su permanencia en el poder, por lo que a la hora del conteo de los votos se "cayó" el sistema electrónico con que se registraban. Se perdió la credibilidad total en la victoria del PRI, pero nunca se sabrá cuál fue el verdadero resultado. Por ello, el presidente Carlos Salinas de Gortari gobernó sin legitimidad.

La presión social, la pérdida de fuerza del PRI por sus divisiones y el nuevo empuje del PAN, provocaron que durante el gobierno de Salinas de Gortari la oposición de derecha alcanzara diversos triunfos, que aunque pretendieron ser desconocidos, la presión social obligó a reconocerlos. Se inició así una transición democrática desde abajo hacia arriba, primero los municipios, las diputaciones y luego los estados.

El levantamiento indígena a finales del sexenio de Carlos Salinas fue una expresión más de descontento con el sistema, ero junto con el asesinato del candidato del PRI, Luis Donaldo Colosio, generaron un "voto del miedo" que fortaleció nuevamente, pero temporalmente, al PRI. Durante el sexenio de Ernesto Zedillo la oposición, tanto de izquierda como de derecha siguió creciendo. El Presidente inició una "sana distancia" de su partido y en las elecciones de 1997 por primera vez el PRI no obtuvo el control del Congreso.

El año 2000 se produjo lo que parecía imposible, la alternancia en la Presidencia de la República y la integración de una Cámara de Diputados plural. Fue éste un paso trascendente de la transición democrática, que fue posible gracias a que la sociedad se comprometió y actuó.

Sin embargo, la gran lección de esa etapa de la vida política de México, fue que en relativamente poco tiempo, se pasó del gobierno de un partido autoritario y mayoritario, a la presencia de la oposición en cargos públicos en todo el país, con un sistema electoral confiable y creíble.

Pero así como la sociedad fue la actora principal del proceso, dando fuerza electoral a una oposición que durante décadas fue exigua, por no decir nula, esta vitalidad social no fue operativa hacia delante. Ni ella ni el nuevo presidente se mantuvieron unidos. En ambos sectores predominó la idea de que con dicho cambio se daba por concluida la transición, cuando simplemente se trató de una alternancia que tenía tarea por delante para cambiar de fondo al sistema, lo cual no ocurrió.

Nuevamente se hizo presente el presidencialismo. La sociedad dejó solo al Presidente para que él hiciera los cambios. El Presidente no supo convocar a la sociedad para que lo acompañara y le ayudara a realizarlos.

Ahora falta consolidar nuestra democracia. Ésta es una tarea que va más allá de los partidos, o de una corriente social, es una responsabilidad de todos los mexicanos. No debe confundirse, como lo hicieran algunos, la transición democrática con la alternancia en cargos públicos, pues los poderes fácticos del viejo sistema no han sido liquidados. Así como en el 2000 la sociedad triunfó, ella deberá retomar con nuevos liderazgos la transformación del sistema. Si se pudo, si se puede. La transición continúa...

BIBLIOGRAFÍA

Abascal, Salvador, *Mis Recuerdos*, Editorial Tradición, México, 1980.

Adame Goddard, Jorge, *El Pensamiento Político y Social de los Católicos Mexicanos 1867-1911*, UNAM, Instituto de Investigaciones Jurídicas, México, 1981.

Aguayo Quezada, Sergio, *La transición en México*, Fondo de Cultura Económica El Colegio de México, México, 2010.

Aguilar Camín, Héctor y Meyer, Lorenzo, *A la sombra de la Revolución Mexicana*, Cal y Arena, México, 2009.

Aguilar V., Rubén y Castañeda, Jorge G., *La Diferencia. Radiografía de un Sexenio*, Grijalbo, México, 2007.

Alba Vega, Carlos, en *Las relaciones entre los empresarios y el Estado*. Ilán Bizberg y Lorenzo Meyer (Coordinadores). *Una Historia Contemporánea de México*. Tomo II. Ed. Océano. México, 2005.

Álvarez Mosqueda, Saúl, *Alta Política*, Editorial Leega, S. A., México, 1985.

Andrade, Juan de Dios, *México: la transición de la esperanza, Textos para la Transición*, Gobierno de Aguascalientes. Aguascalientes, 2002.

Andrade Sánchez, J. Eduardo, *Introducción a la Ciencia Política*, Oxford University Press, México. 2004.

Arriola, Carlos, *El miedo a gobernar. La verdadera historia del PAN*, Océano, México, 2008.

Aristegui, Carmen, Trabulsi, Ricardo, *Transición, Conversaciones y retratos de lo que se hizo y se dejó de hacer por la democracia en México*, Grijalbo, México, 2009.

Azuela, Salvador, *La Aventura Vasconcelista 1929*, Editorial Diana, México, 1985.

Bañuelos, Javier, *Maquío la fuerza de un ideal*, CEN del Partido Acción Nacional, México, 2002.

Bartra, Roger, *El Reto de la Izquierda. Polémica del México actual*, Editorial Grijalbo, S. A., México, 1982.

Beltrán Mata, José Antonio, *El empresario mexicano en la política*, Editorial PAX México, Librería Carlos Césarman, México, 1987.

Bizberg, Illán y Meyer, Lorenzo, *Una Historia Contemporánea de México*, Tomo II, Editorial Océano, México, 2005.

Brandt, Willy, *Norte-Sur, un programa para la supervivencia*, Editorial Pluma Ltda., Bogotá, 1980.

Calderón, Francisco R, *Libertad, responsabilidad y democracia. A 25 años de la fundación del CCE*, Consejo Coordinador Empresarial, México, 2001.

Calderón Vega, Luis, *Reportaje sobre el PAN, 31 Años de Lucha*, Ediciones de Acción Nacional, México, 1970.

Cansino, César, *La Transición Mexicana 1977-2000*, Centro de Estudios de Política Comparada, A. C., México, 2000.

Carpizo, Jorge, *El presidencialismo mexicano*, Siglo XXI Editores, México, 1978.

Castellanos, José J, *México Engañado, por qué la prensa no informa*, Cuadernos de Gaceta Informativa Independiente, México, 1983

Castañeda, Jorge G., *La Herencia, Arqueología de la Sucesión Presidencial en México*, (1999), Extra Alfaguara, México.

Ceja Mena, Concepción, *La Política Social Mexicana de Cara a la Pobreza*, Scripta Nova, http://www.ub.es/geocrit/sn/sn-176.htm.

Clouthier, Tatiana, *Maquío, mi padre. El hombre y el político*, Grijalbo, México, 2007.

Collado Herrera, María del Carmen, et alt, *Las derechas en el México contemporáneo*, Instituto de Investigaciones Dr. José María Luis Mora,

2015.

Contreras Montiel, Enrique, *Alfonso Pandal Graf: el México que he vivido. Memorias de un dirigente empresaria*l, Miguel Ángel Porrúa, México, 2003.

Cortés Lázaro, Régulo, *Elecciones: ¿Legitimidad Revolucionaria o Sanción Electoral?*, en revista Divulgación, PRI del D. F., México, agosto de 1985.

Cosío Villegas, Daniel, *El sistema político mexicano*, Cuadernos de Joaquín Mortiz, México, 1981.

Cosío Villegas, Daniel, *El estilo personal de gobernar*, Cuadernos de Joaquín Mortiz, México, 1974.

Crespo, José Antonio, *La Reforma Electoral Pendiente*, Política y Gobierno, Vol. VII, Núm. 2, segundo semestre de 2000.

Chapa Salazar, Jorge, *La Palabra y la Acción, Discursos*, Confederación de Cámaras Nacionales de Comercio, México, 1982.

Estevez, Hugo, Las corrientes Sindicales en México, Instituto de Proposiciones Estratégicas A. C., México, 1990.

Fernández Christilieb, Fátima, *Los medios de difusión masiva en México*, Juan Pablos Editor, S. A., México, 1982.

Flores Olea, Victor, *Notas Sobre Política Mexicana*, en Nueva Política, Vol. 1, Núm. 2, abril-junio, 1976.

García Ibarra, Abraham, *Apogeo y Crisis de la Derecha en México*, El Día en Libros, Sociedad Cooperativa Publicaciones Mexicanas, S. C. L., México, 1985.

Gómez Antón, Francisco, *Cómo Reconocer si es una Democracia lo que se Tiene Delante*, (2002), Ediciones Internacionales Universitarias, Madrid.

González Casanova, Pablo, *La Democracia en México,* Editorial Era, Tercera Edición, México, 1969.

González Casanova, Pablo, *El Futuro Inmediato de la Sociedad y el Estado*, en Nueva Política, Vol. 1, Núm. 2, abril-junio, 1976.

González Fernández, Fidel, *Sangre y corazón de un pueblo. Los Mártires de Cristo*, Ediciones Papiro Omega, S. A., Arzobispado de Guadalajara, Universidad Vasco de Quiroga, 2013.

Goodspeed, Stephen S., *"El papel del Ejecutivo en México"* en

Problemas Agrícolas e Industriales de México. Vol. VII, núm. 1, pp. 115-158, 1955.

Guevara Torres, Miguel, *DHLAC: cimientos para la democracia*, México, 2010

Guiza y Acevedo, Jesús, *Acción Nacional es un Equívoco*, Editorial Polis, México, 1966.

Haces, Cosme, *¡Crisis! Crónica de un trimestre negro. MMH ante la herencia de JLP*, Editores Mexicanos Asociados S. A., México, 1983.

Hernández Rodríguez, Rogelio en Bizberg, Illán y Meyer, Lorenzo, (Compiladores), *Una Historia Contemporánea de México*, Tomo II, Editorial Océano, México, 2005.

http://www.memoriapoliticademexico.org/Textos/6Revolucion/1972-DA-JRH.html.

Krauze, Enrique, *Francisco I. Madero, Místico de la Libertad*, Fondo de Cultura Económica, México, 1987.

Krauze, Enrique, *La Presidencia Imperial, Ascenso y caída del sistema político mexicano (1940-1996)*, Tusquets Editores, México, 1997.

Krauze, Enrique, *Por una Democracia sin Adjetivos*, Joaquín Mortiz-Planeta, México, 1986.

Lajous, Alejandra, *Los orígenes del partido único en México*, Instituto de Investigaciones Jurídicas, Universidad Nacional Autónoma de México, Tercera Edición, 1985, México, 1985.

Landero Gutiérrez, Alejandro, *La Lucha Cívica por la Democracia, Breve Historia del Partido Acción Nacional*, Fundación Rafael Preciado Hernández, México, 2004.

Leal, César, *Fox, un lugar en la historia*, edición particular, México, 2004.

Leñero, Vicente, *Los Periodistas*, Joaquín Mortiz, S. A. México, 1978

Loaeza, Soledad, *El Partido Acción Nacional: la Oposición Leal en México*, Revista Foro Internacional, El Colegio de México, Vol. 14, No. 3 (55), enero marzo, 1974.

Loaeza, Soledad, *Entre lo posible y lo probable. La experiencia de la transición en México*, Editorial Planeta Mexicana, S. A. de C. V., Temas de Hoy, México, D. F. 2008.

Loaeza, Soledad, www.soledadloaeza.com.mx/wp-content/uploads/2008/03/laexpro..., consultada la última vez el 27 de septiembre de 2016.

López Portillo, José, *Mis Tiempos*, Fernández Editores, S. A., 1988, tomos I y II.

Martínez Navarro, Freddy, *La Política Social en la Transición Mexicana*, (2002), Resumen de la Ponencia en el XVth ISA WORLD CONGRESS OF SOCIOLOGY.

Martínez Romero, Gustavo (Coordinador), *La Transición a la Democracia en Aguascalientes*, (1988), Participación y Democracia A. C., Aguascalientes.

Martínez Nateras, Francisco, *El 68 Conspiración Comunista*, UNAM, Coordinación General de Publicaciones, 2011.

Martínez Nateras, Arturo, *La Izquierda Mexicana del Siglo XX*, Libro 1. Cronología, UNAM-Gobierno del Estado de Morelos, 2014.

Medina Plascencia, Carlos, *Ahora es cuándo*, México, Océano, 2004.

Meyer, Jean, *La Cristiada*, Siglo Veintiuno Editores, México, Tomos I y II, en 1973, y Tomo III, en 1974

Mirón Lince, *El PRI y la transición política en México*, UNAM y Ediciones Garnika, S. A., México, D. F., 2011.

Monsiváis, Carlos, *La era del PRI y sus deudos*, Letras Libres, Agosto 2000, http://www.letraslibres.com/revista/convivio/la-era-del-pri-y-sus-deudos.

Navarro Vázquez, Agustín, *Empresarios y política*, Edición del autor.

Nohlen, Dieter, *Diccionario de Ciencias Política*, México, Editorial Porrúa y El Colegio de Veracruz, 2006. Tomos I y II.

Nueva Política, Vol. 1, Núm. 2, abril-junio, 1976.

O'Donell, Guillermo, Schmitter, Philippe C., Whitehead, Laurence, (Compiladores), *Transiciones desde un gobierno autoritario*, (1994), Ediciones Paidós, Tomo I, Barcelona.

O'Donell, Guillermo, Schmitter, Philippe C., Whitehead, Laurence, (Compiladores), *Transiciones desde un gobierno autoritario*, (1994), Ediciones Paidós, Tomo II, Barcelona.

O'Donell, Guillermo, Schmitter, Philippe C., Whitehead, Laurence, (Compiladores), *Transiciones desde un gobierno autoritario*, (1994), Ediciones Paidós, Tomo III, Ediciones Paidós Barcelona.

O'Donell, Guillermo, Schmitter, Philippe C., (Compiladores),

Transiciones desde un gobierno autoritario, (1994), Ediciones Paidós, Tomo IV, Barcelona.

Ontiveros Ruiz, Guillermo, *Política Social en México 1988-1994: El Programa Nacional de Solidaridad*, EUMED.NET, http://www.eumed.net/libros/2005/gor/1c.htm.

Paz, Octavio, El Laberinto de la Soledad, Fondo de Cultura Económica, México, Séptima Edición, 1969.

Revista Decisión, Año IV, No. 45, noviembre de 1982.

Revista Decisión, Año IV, No. 46, diciembre de 1982.

Revista Mexicana de Sociología, Vol. 47, No. 1, enero- marzo de 1985.

Revista Mexicana de Sociología, Vol. 46, No. 2, abril –junio de 1986.

Revista Proceso, No. 1282, 26 de mayo de 2001.

Revista Proceso, No. 1238, 2 de junio de 2001.

Revista Transición, Centro de Estudios para la Transición Democrática, A. C.

Revista Vértice, Año 1, No. 2, 30 de junio de 1986.

Reyes Heroles, Jesús, *México Historia y Política*, Editorial Tecnos, S. A, Madrid, 1978.

Reyes Heroles, Jesús, http://www.memoriapoliticademexico.org/Textos/6Revolucion/1972-DA-JRH.html.

Rodríguez Prats, Juan José et al, *Actores y testigos*, Tomo I, Fundación Estrada Iturbide, PAN, 2000.

Ruiz Harrel, Rafael, *Exaltación de ineptitudes, Una visión crítica del presidencialismo mexicano*, Editorial Posada, 2ª. Edición, México, 1986.

Sánchez Díaz de Rivera, Antonio, *La Transición Mexicana, Testigo a la Mitad del Camino*, Tatevari Ediciones, México, 2008.

Sánchez Medal, Ramón, *Fraude a la Constitución*, Editorial Porrúa, México, 1983.

Sartori, Giovanni, *Teoría de la Democracia; el debate contemporáneo*, Madrid, Alianza Universidad, 1988.

SE*103. *Servicios Especiales del Centro de Estudios Sociales del Consejo Coordinador Empresarial del 15 de septiembre de 1982 al 01 de febrero de 1983.

Stavenhagen, Rodolfo, *Reflexiones sobre el proceso político actual*, en

Nueva Política, Vol. 1, Núm. 2, abril-junio, 1976.

Tello, Carlos y Cordera, Rolando, *La Disputa por la Nación*, Siglo XXI Editores, México, 1981.

The Gorbachov Foundation of North América y Fundación para las Relaciones Internacionales y el Diálogo Exterior, *Conferencia sobre Transición y Consolidación Democráticas*, (2002), Siddharth Mehta Ediciones, Madrid.

Villanueva, Ernesto (coordinador), *Derecho y ética; el largo sendero de la democracia en México*, México, Media Comunicación, 1995.

XII Asamblea Nacional del PRI, ¿Plata? ¿Cobre? ¿Cobre? ¿Plata? ¿Revaluación o Devaluación?, Instituto Motolinía, 1984.

ACERCA DEL AUTOR

JOSÉ J. CASTELLANOS

Periodista desde 1968 ha colaborado en El Universal, El Heraldo de México y El Financiero, Yoinfluyo.com, entre otros. Dirigió la revista DECISIÖN de la Confederación de Cámaras Nacionales de Comercio, Servicios y Turismo.

Es licenciado en Periodismo y Comunicación Colectiva por la UNAM, con maestría en Ciencias Políticas por la Universidad Vasco de Quiroga, maestría en Desarrollo por la Universidad Libre internacional de las Américas.

Ha sido docente en la Universidad Nacional Autónoma de México, la Universidad Popular Autónoma de Puebla, la Universidad Anáhuac y la Universidad Vasco de Quiroga

Made in the USA
Columbia, SC
20 June 2023

18350234R00109